U0002435

世茂出版有限公司
世潮出版有限公司
智富出版有限公司

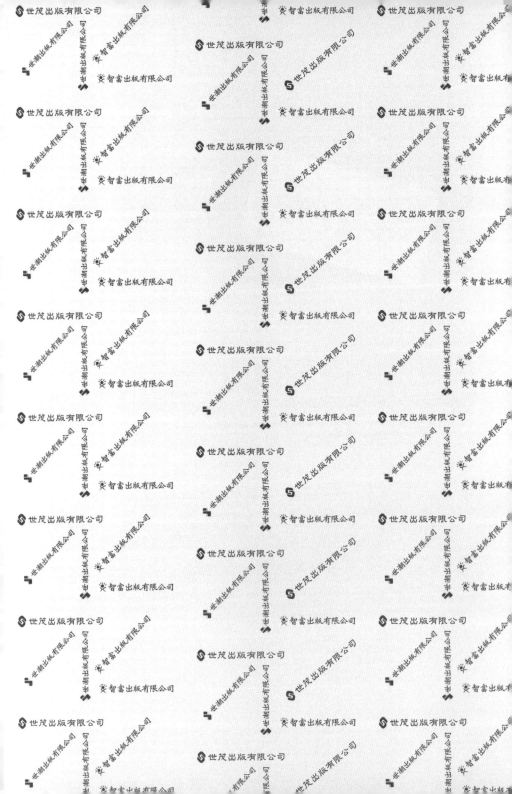

世茂出版有限公司
世潮出版有限公司
智富出版有限公司

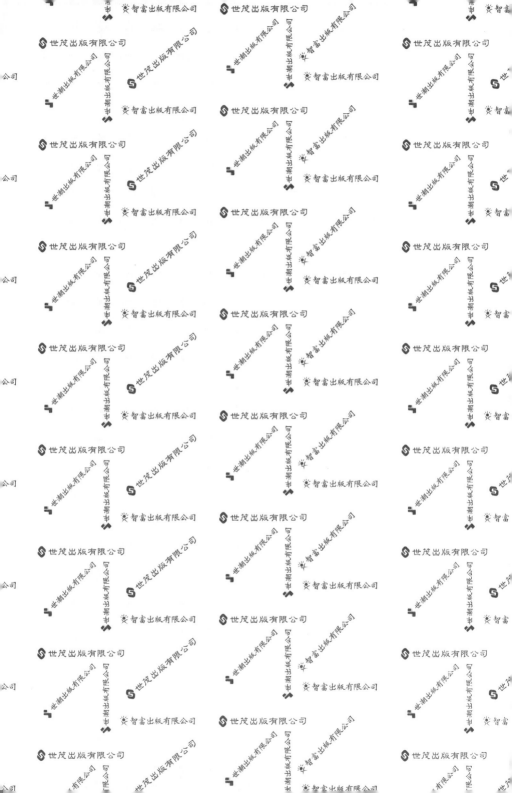

マンガでわかる
境界知能とグレーゾーンの子どもたち

接住孩子的求救訊號

同理臨界智能孩童的生存難處

宮口幸治 著
佐々木昭后 作畫
周奕君 譯

前言

如今在學校中，仍有許多老師在面對孩子發展或學習上的遲緩、學習障礙、暴力行為、父母親的不當教養等堆積如山的課題時奮戰不懈。而在家長或監護人方面，看著眼前不靈巧的孩子，也常苦惱於該如何和這樣的孩子互動。

◇◇◇陷入困境的孩子們遇到的三大問題

不靈巧的孩子們各自擁有不同的特質，然而他們陷入困境的模式，都具有一些共通點。將其分類之後，可以大致區分成三個面向：

- **社會面向**

思考方式的問題……不當的思考方式等

情感的問題……在控制情緒上有困難等

行為的問題……容易做出不恰當的舉止等
- **學習面向……無法保持專注，影響學習等**
- **身體面向……不擅長運動，手指不靈活等**

如前面所提，社會面向的問題可以用思考方式、情感和行動來區分。不過我認為，對於「陷入困境的孩子」來說，會具有其中（社會面向、學習面向、身體面向）任一個、甚至兩個以上的問題。

關於這點，我們可以從動不動就生氣失控（行為的問題）的孩子為例來思考（圖1）。失控的行為源於「憤怒」（情感的問題），而造成「憤怒」的原因，則是來自被輕視（思考方式的問題）的想法。

孩子會覺得自己被輕視，原因之一就是缺乏自信。一旦失去自信，就容易陷入受害者的思維，不管別人對自己做什麼，都會覺得「又在瞧不起我了」。那麼，是什麼讓孩子失去了自信呢？

箇中原因很多，包括在學習、人際溝通上有困難、不擅長運動等等。而其中也存在具有學習障礙或智能障礙的孩子。我在書中要談的，是那些雖然沒有

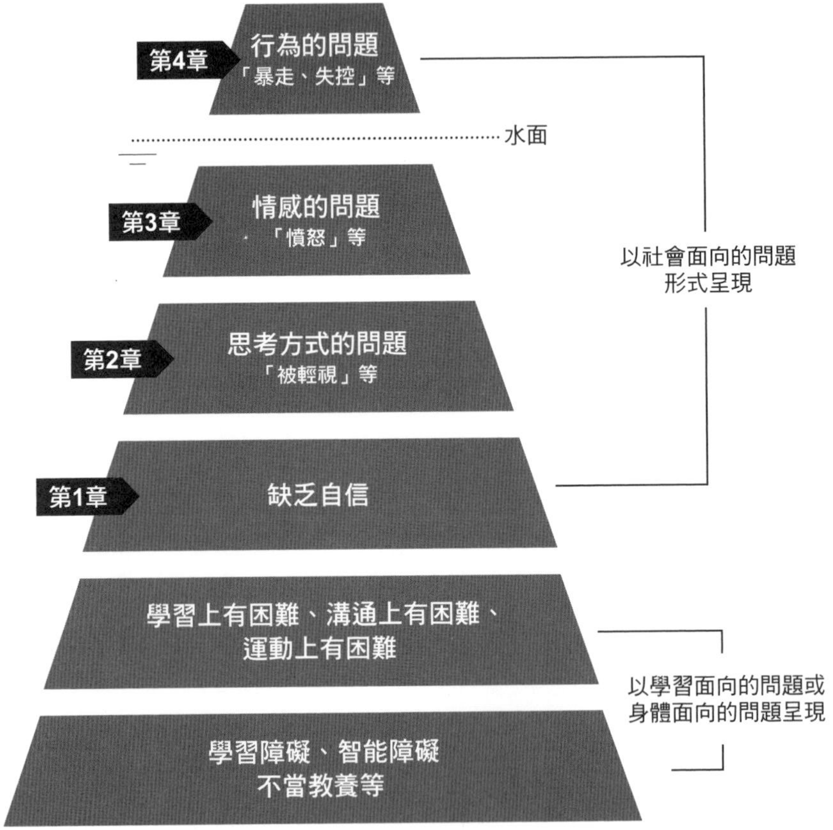

圖 1　區分孩子行為問題各種背景成因的冰山模型

（大人很容易發現孩子在行為上的問題……然而水面下的問題，表面上是看不見的。孩子的行為問題背後有各式各樣的原因，本書將從缺乏自信開始，於各章一一介紹。）

明顯學習障礙或智能障礙，卻極需大人們幫助，處在「灰色地帶」與「臨界智能」的孩子們。會突然生氣或情緒失控的孩子，背後都有各自不同的原因，光是一味制止這些行為，並不能給孩子提供有效的支援。另一方面，這些孩子其實早已向大人們釋放出各種訊號，特別是灰色地帶和臨界智能的孩子，他們所釋放出的訊號並不容易察覺，而且大多會呈現出給父母找麻煩，或是態度不認真的一面。這本書的目的是要告訴讀者，如何「不漏接」孩子丟出來的訊號，以及如何進一步去幫助這樣的孩子。

◇◇◇臨界智能與灰色地帶

圖1中最下層的的學習障礙，在許多書籍中都已經有相關的介紹。在此則是針對和智能障礙相關，如今廣受教育第一線忽視的「臨界智能」及「灰色地帶」的孩子們進行說明。

智能障礙指的是IQ69以下，而「臨界智能」則是未達那樣的程度，卻仍需必要支援的人（約IQ70～84）。臨界智能的人們約占人口的14％，假設學

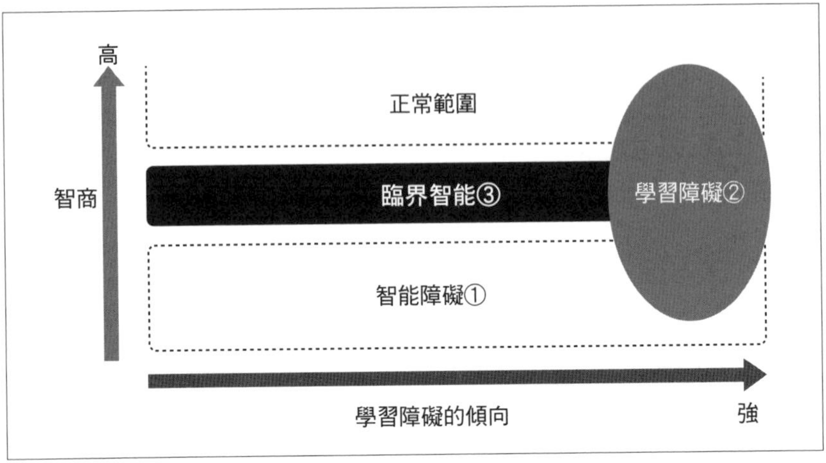

圖 2　臨界智能的分布位置

校每班有三十五人，就占了五人之多。

圖2中，經診斷出智能障礙（①）或學習障礙（②）的孩子，會成為特殊支援的對象，然而臨界智能（③）的孩子卻因為幾乎沒被察覺而很少獲得外界支援。

事實上，臨界智能早就名列於世界衛生組織（WHO）所公開的國際疾病分類標準舊版ICD－8（一九六五～一九七四年，現為ICD－11）的「邊緣性精神發育遲緩」項目中（圖3）。所謂精神發育遲緩，就是我們現在說的智能障礙。這也表示，大多數專家認為，臨界智能和智能障礙的人們在學習上都相當辛苦。儘管臨界智能的孩子通常在學習上的表現不佳，卻由於不在智能障礙範圍內，除了不

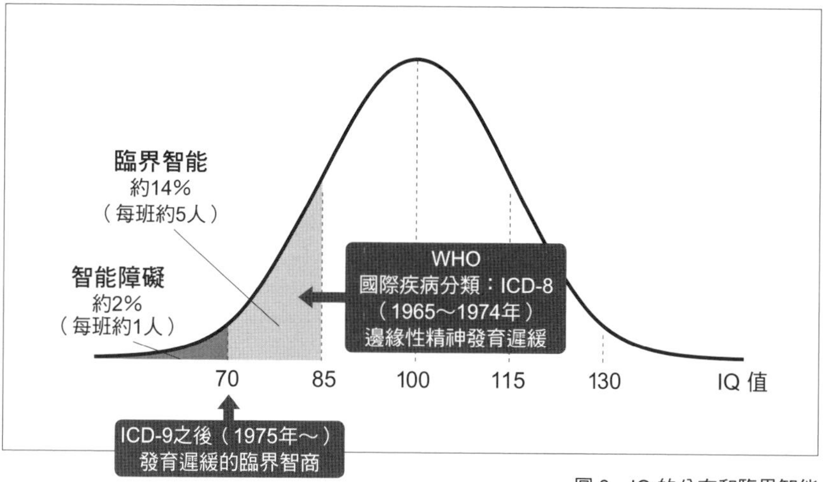
臨界智能
約14%
（每班約5人）
智能障礙
約2%
（每班約1人）
WHO
國際疾病分類：ICD-8
（1965〜1974年）
邊緣性精神發育遲緩
70
85
100
115
130
IQ 值
ICD-9之後（1975年〜）
發育遲緩的臨界智商

圖 3　IQ 的分布和臨界智能

擅長念書，也容易被大人誤解為沒有幹勁或愛偷懶。

此外，這些孩子不僅在學業上表現欠佳、不擅長運動，人際溝通上也很辛苦，長大成人進入社會之後，社會參與也會因此受限，其實是有必要在經濟、就業等各領域上給予支援的。可是他們就算被察覺了，也幾乎沒辦法獲取支援。我在書中第1章的CASE 1處理的就是這樣的案例。

在教育現場，許多孩子並未被診斷出智能障礙，但行為上卻具有這方面的傾向。在這當中，大人可以察覺孩子在思考方式、情感和行為上確實遇到了問題，卻難以清楚理解背後的原因或狀況。這本書將為各位介紹這些處在「灰色地帶」的孩子。

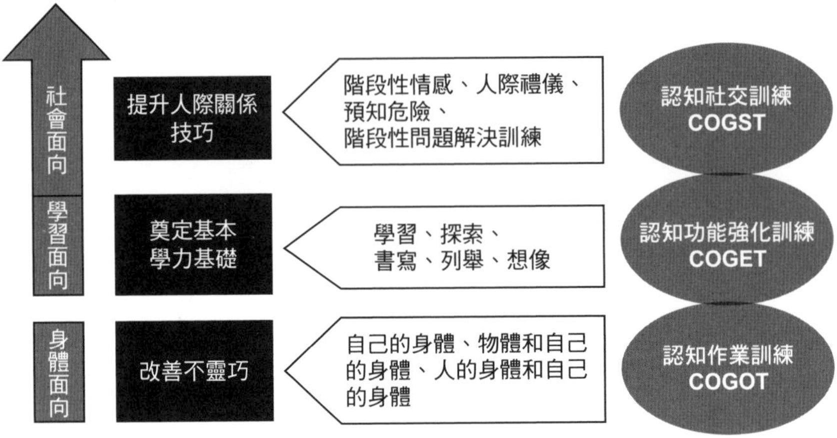

圖 4　COG-TR 的支援機制

第2章的CASE 8會使用「COG-TR」這個詞。關於「COG-TR」，本書中有更詳細的說明，「COG-TR」為認知○○訓練（Cognitive ○○ Training）的簡稱，是由包含①社會面向……認知社交訓練（Cognitive Social Training: COGST）、②學習面向……認知功能強化訓練（Cognitive Enhancement Training: COGET）、③身體面向……認知作業訓練（Cognitive Occupational Training: COGOT），共三方面組成的支援機制（圖4）。「COG-TR」原本是針對少年輔育院中有不良習性、須感化的少年所設計，如今常用於學校中處在「臨界智能」和「灰色地帶」的孩子們的早期支援，並延伸應用在察覺一般孩子需要的幫助上。

關於「COG-TR」的更多介紹，各位可以連上日本COG-TR學會網站（http://cog-tr.net）參考。

儘管如此，要不漏接孩子們所釋放出的各式各樣的訊號，並進一步思考該提供什麼樣的協助，是相當耗費心力的事。就算想尋找相關的學習資訊，也只有文字書，不免讓人提不起勁。因此，我開始思考如何運用將資訊充分視覺化後的漫畫閱讀形式，讓忙碌的教師們能輕鬆吸收所需要的資訊。

本書以漫畫的形式來呈現身處「臨界智能」和「灰色地帶」，尤其是在人際交往上備受挫折的孩子們的案例，並從兒童精神醫學及心理學、教育的觀點出發，在相關問題的成因與具體對策上，透過本書主人公新手教師（大頭老師）與學校前輩（黑澤老師）的互動，讓讀者能輕鬆愉快地學習。

此外，這本書描寫的主角正是學校教師，我想對於身為需要充分傾聽並保護孩子的大人們，讀起來應該都會覺得很有趣。我衷心期盼這本書能為幫助這些困境中的孩子安心成長，盡一點微薄之力。

兒童精神科醫師・立命館大學教授

宮口幸治

序幕

好球！打者出局！
哇
比賽結束！
哇
嗚
歡呼聲
教練……
歡呼聲
大頭做得很好了……

教練——
我是大頭陽人，二十二歲。
很好。
今年春天開始，就是青空小學二年級的
新任教師。
我出門囉！

轟隆
齁
呼嚕~
喀隆
喀噠
喀噠
嗚~~
呼嚕
嗚嗚
大家……
搖
晃
喂……
含糊
教練啊~~
我好開心~~
齁~
流
斷線

鼻涕。
吸——
驚！
對不起、
鞠躬道歉
真對不起……
轉身
才剛當上老師就被瞪了……算了，今天要振作一點！
好——接下來，

向大家介紹今天新到任的老師。
那麼從這位開始——
白岩校長
呀——有點緊張呢。
是、是的，我是畢業於立令館大學的
正經
大頭陽人。
從小學開始就熱愛打棒球，
對自己的體力很有自信……
啊！因為這樣也練就了一副健康的身體。

我是九條，
畢業於京帝大。
九條聰
（22歲）
天啊！不正是全國第一的京帝大學嗎！
根本菁英!!
九條老師可是來自京都的名門——
難怪看起來這麼風度翩翩。

好——那麼，新老師們請一起努力吧。
座位表
是！
呼——剛剛好緊張啊。
哎呀，之後想跟大頭老師請教棒球的事呢。
咦？當然……！
九條老師意外地是很親切的人——
哈哈哈哈
畢竟和我不一樣，只有體力嘛。
——其實很壞心眼~~~~~
接、接下來可是用體力決勝負的時代！
就是說啊，也要很會睡才行。

啊……？請問……
我還是第一次看到有人邊睡邊哭。

啊啊!!
沙
今天早上真的很抱歉!
呀!昨天緊張到睡不著……
沒想到你居然是老師啊。
我是五年級的導師唷。任教資歷六年,有任何問題都可以問我。
好……
黑澤椿
(28歲)
砰
唰
啊!

哎呀，對不起。
啊！印好的講義！
安靜
小聲
教務主任每年都會對新人擺姿態，
別太在意！
好……
大頭老師……
你負責二年三班，可要特別拿出魄力來唷！
咦？
望川隆
（48 歲）教務主任
畢竟，
他們都是很特別的孩子呢——

第1章

別對沒自信的孩子視而不見

CASE 1

容易放棄的孩子

別對臨界智能和灰色地帶視而不見

佐藤同學已經寫完了嗎？
唔，還沒。
大家都在解題喔！努力看看吧！
唔……
……果然還是不——會。
老師—
啊、來了！
…………

教職員室
我上課的內容……
有這麼難懂嗎？
哎呀
怎麼愁眉苦臉的，發生了什麼事嗎？
……嗯，其實——
讓孩子拿出幹勁的方法？
對……佐藤同學不只是這次，
在上課時也不太參與。
對學習提不起勁的孩子，這可是首要的考驗呢！
是我教得太難了嗎？
但是其他孩子上課都沒問題吧？
對啊。

我想可能的原因有幾個……
之所以對學習提不起勁，是因為
反正都會失敗，倒不如一開始就放棄。
甩頭
在這些孩子當中，有的是就連上課也聽不懂，
還會因為覺得丟臉而不敢說出來。
臨界智能和灰色地帶的孩子
——也是可能的原因喔。

……？
哎呀，不會吧！
佐藤同學在地理等科目上表現很好，
也很會背書唷！
以前雖然聽過學習障礙和智能障礙，
可是所謂的臨界智能或灰色地帶……
不就只是在說不擅長學習的孩子嗎？
的確如此！可是臨界智能或灰色地帶的孩子，
一般在說話或遊玩時和普通的孩子沒什麼不同。
不如說他們對於自己喜歡的事物，
會擁有更強的記憶力。
這也是這些孩子的特徵——

黑澤老師說的我雖然大致可以判斷，
可是一旦孩子出現了不同的問題，
果然還是……
不能只看表面。
對於做不到的事情，為了保護自己，
從一開始就不打算去做，也不當一回事。
這太難了吧！
——就這樣成了掛在嘴邊的口頭禪。
我就完全不曉得該怎麼處理了。
啊……
我呢，
可是不玩這種小把戲的。
傲慢
……如、如果真是這樣，
我能為佐藤同學做些什麼呢？

嗯，首先，
臨界智能在學習上的進展比較困難。
雖然看起來是個粗枝大葉的孩子，
其實學習年齡只有一般孩子的70～80％。
0.7～0.8
×
八歲（小二）
好像
才六歲？
這就像是
幼兒園的孩子和小學二年級生一起上課一樣!!
課業上根本聽不懂吧……
也容易出現提不起興趣和偷懶的狀況呢。
可是我們身為老師，
要給予孩子積極正面、源源不絕的引導。

第一步就是要找出那些讓他們產生自信的事……
沒錯！或許佐藤同學擅長的地理科就是他自信的來源。
也要讓家長知道這件事。
臨界智能還有很多我們不知道的事。
而孩子也能透過訓練不擅長的項目，發揮他們的潛力。
比起一味說：「還只是小學生再觀察看看吧！」這種話，
哪怕多一點點努力也好，試著幫孩子做些什麼吧！
很好！找到方向了！
能打擾兩位一下嗎？
在課業之外，還能提供孩子哪些必要的幫助呢？
沙
九條老師!?
實在是很有意義的談話，
我也著實受教了。
一直躲在那裡嗎……？
好厲害

沒錯！還有待人接物的練習都是。
一下要說明起來太多了，有機會再和你們分享。
沒錯，我們身為老師，
就算不是臨界智能或灰色地帶的孩子，
雙親也有可能對孩子的期望過高……
叮咚
啊！上課了！
黑澤老師，承蒙您的指教了。
握緊
一定要帶給孩子更多、更多……
之後請再和我們分享──！
快走吧！
給予孩子們積極正面的力量吧！

CASE 2
容易受傷的孩子
別對情境判讀能力不足視而不見

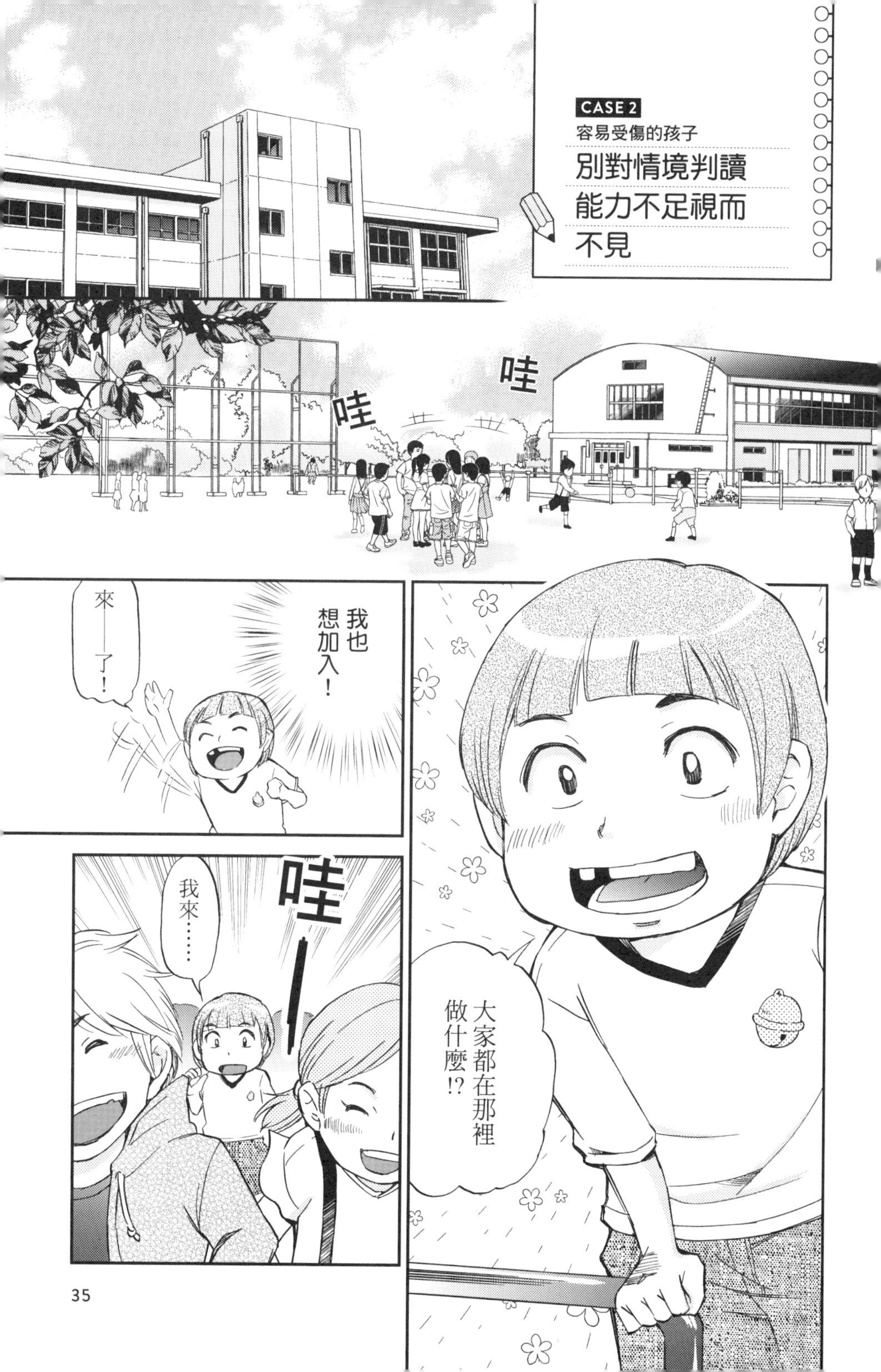

呀
哇
啊哈哈哈
呆愣
……咦？
為什麼我一來大家就跑走？
肯定是在說我的壞話……!!
喀

哇啊啊啊
嗚哇
怎、怎麼了!?
啊
是鈴木害的!
他把石頭踢到高橋身上!
石頭!?鈴木同學，快過來道歉!
……還不是因為我一來大家就跑光了。
誰教大家都討厭我!

鈴木同學……
被排擠了嗎？
我不該單方面的責備他才對。
2－3
才沒有排擠他咧！
就是說
大家只是在玩而已——
鈴木跑過來找大家，
正好那個時候……
大家開始玩捉迷藏。

捉迷藏？
到底是怎麼回事？
原來如此！這是孩子常見的行為模式。
玩捉迷藏時，大家常常會一哄而散。
沒察覺的孩子反而會感覺——
「大家是因為我來才跑開的」。

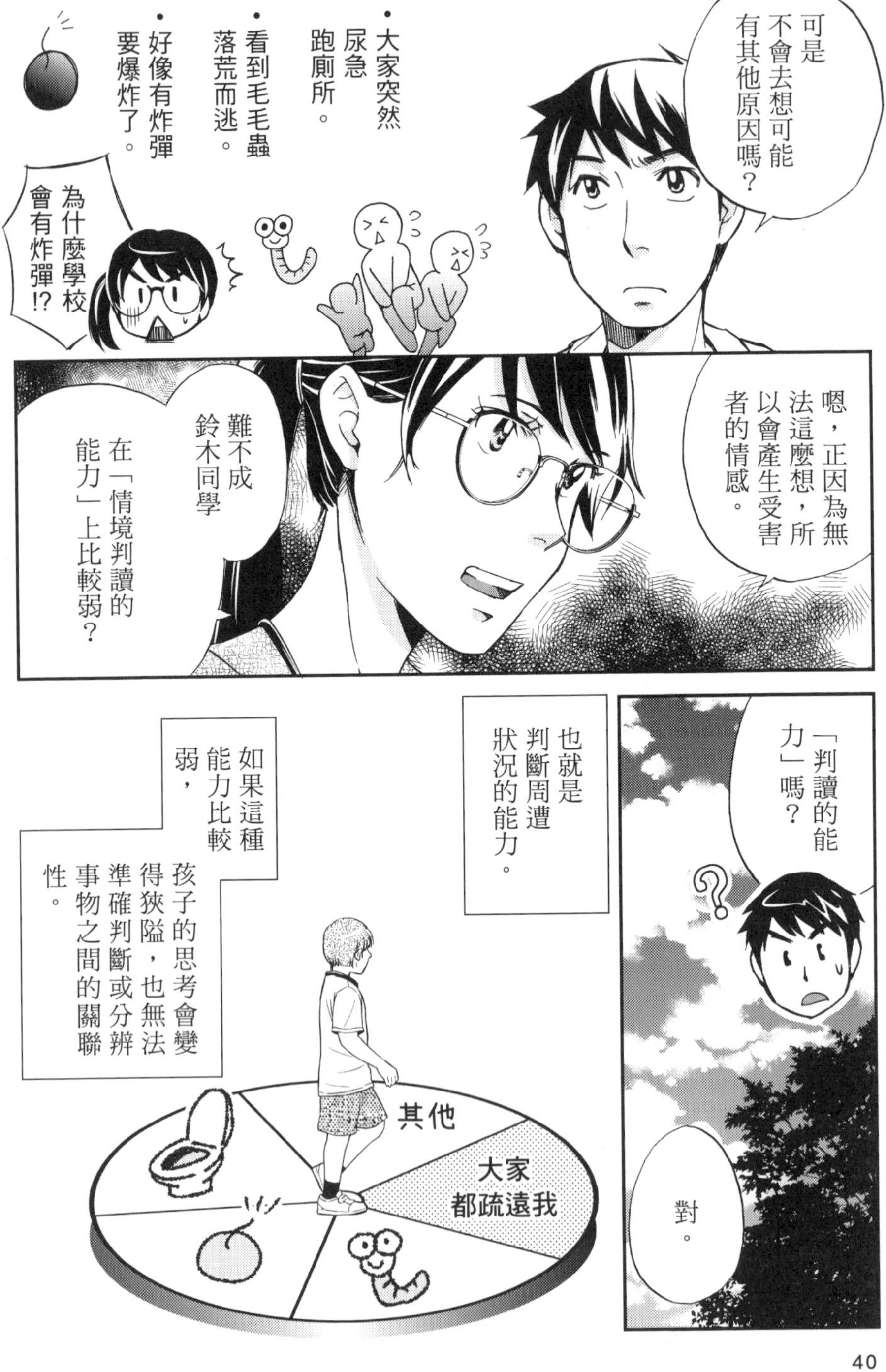

可是不會去想可能有其他原因嗎？
•大家突然尿急跑廁所。
•看到毛毛蟲落荒而逃。
•好像有炸彈要爆炸了。
為什麼學校會有炸彈!?
嗯，正因為無法這麼想，所以會產生受害者的情感。
難不成鈴木同學在「情境判讀的能力」上比較弱？
「判讀的能力」嗎？
也就是判斷周遭狀況的能力。
對。
如果這種能力比較弱，
孩子的思考會變得狹隘，也無法準確判斷或分辨事物之間的關聯性。
其他
大家都疏遠我

這麼說來，
如果可以加強
這種能力……
雖然很困難，
但是孩子遇到
類似的情況時，
可以試著讓他們習慣
「說不定是自己誤會了唷？」
這樣的思考。
光用說的他們
能理解嗎？
所以才需要
大頭老師
好好引導啊！
比方說……
真的是因為
討厭鈴木
才突然跑開的嗎？
還是周遭
發生了
其他事呢？
一起思考
看看吧！
說不
定……？

透過那樣的練習，盡可能增加判讀外部環境的能力，
就能更容易從不同的角度來看待獲取的資訊。
沒錯！然後呢，
這也將成為孩子日後體驗人際關係的基礎……
被瞪了嘛！
忘了戴眼鏡，什麼都看不清楚。
——也有這樣單純的誤會……
有些孩子會持續累積受害者情緒，之後才爆發出來。
不妨用日記等方式，將發生的事或心情一一寫下來，也是不錯的方式。
是要打架嗎！
沒戴眼鏡啦。
日記！
既然如此，可要好好利用！
一步一步採取行動也很重要喔！
5－1
謝謝黑澤老師的說明！
那我先去上課了！

CASE 3
做任何事都提不起勁的孩子
別對提不起勁的背後因素視而不見
星期四
清瀨
石田
來決定運動會的負責人吧
①運動員宣誓
②啦啦隊
那麼，誰要負責運動員宣誓——
我——！
我——！
再來是想當啦啦隊的人～～
我想當——！
還有我！

無動
於衷
田中同學都沒有舉手，沒有想負責的項目嗎？
沒有。
可是，班上每個同學都要負責一個項目才行唷。
那就都可以。
田中同學……
從來都沒舉過手啊。

真希望那孩子能更積極一點啊。
教職員室
順利決定了嗎？
那不是很好嗎！
是啊，可是田中同學不知道該說是沒有主見還是……
最後負責了剩下來的項目，
而且似乎還是提不起幹勁的樣子……
做什麼都可以。
這樣真的好嗎？

大頭老師，你知道
幹勁也是自我實現的一環嗎？
？
就讓我來說明吧！
現身
呵呵！
又藏在哪裡了嗎……
真厲害啊
這是由美國心理學家馬斯洛所提出的理論——

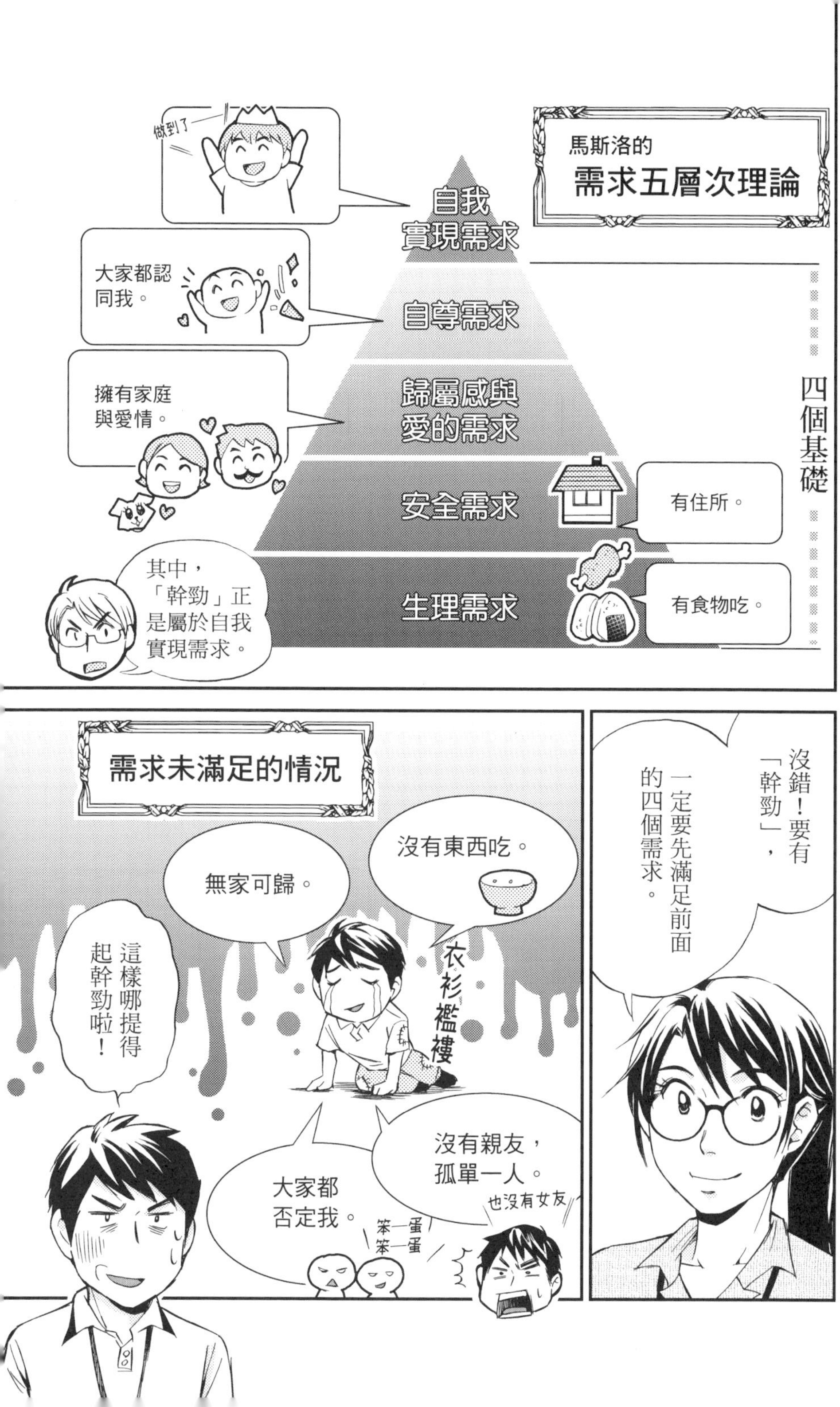
馬斯洛的
需求五層次理論
自我實現需求
做到了
自尊需求
大家都認同我。
歸屬感與愛的需求
擁有家庭與愛情。
安全需求
有住所。
生理需求
有食物吃。
四個基礎
其中，「幹勁」正是屬於自我實現需求。
沒錯！要有「幹勁」，一定要先滿足前面的四個需求。
需求未滿足的情況
沒有東西吃。
無家可歸。
衣衫襤褸
這樣哪提得起幹勁啦！
沒有親友，孤單一人。
大家都否定我。
也沒有女友
笨蛋
笨蛋

說不定田中
在這四個需求當中，
也有沒被
滿足到的部分……
沒有被滿足的
需求
可能不只一個，
也存在多個的可
能性。
比如說……
也可能是
不當教養。
意思是
放棄育兒*
或心理上的
虐待
這種事嗎？

* child neglect，指父母照管不良、疏忽教養的虐待兒童狀態。

話說回來，他的家庭環境如何？
這麼說起來……
爸爸和媽媽每次都只會吵架……
——如果是這樣，最好先和校長或教務主任談談。
現在比起讓田中同學提起幹勁，大頭老師要做的，
就是在學校盡可能幫他打造出安心的學習環境。
也可以多給予他肯定或讚美！

加油～～～
好厲害!!
好耶好耶
太讚了！
肯定嗎……
呀！
你好棒
太帥了♡！
竊笑
的確能讓人
提起幹勁呢！
到底是想到了
什麼……？
？
好──
事不宜遲。
先和田中的
家長
聯絡……
你
打算
跟他們說什麼？

啊……像是請家長多關心孩子……
或是孩子感覺很寂寞再多疼愛點——
說這些話
毫無意義。
你自己想想看，
學校突然來電——
怒
發
我家孩子又惹麻煩了!?
這孩子一點也不乖。
家長反而會感覺自己受到了責難，
這也是讓父母喪失育兒自信的主因！
相反地，如果只是一味傳達孩子的優點而過了頭……
這孩子在家明明很難搞
……實在不懂是怎麼回事。
也會導致家長對老師的不信賴感上昇。
煩躁
哼
新人就是新人——
不耐踱步
嗚……

至今，我一直以為
感情流露
這麼做或許對孩子有幫助……
一般來說，和家長保持密切的聯絡也比較能順利處理。
嗚
雙親的狀況確實要好好觀察呢。
不管是怎樣的失敗，都是嶄新的一步唷！
吸鼻子
我也沒什麼自信呢。
比起成功，從失敗中能學到的更多，不是嗎？
我要一輩子追隨黑澤老師！
哇啊
愛哭鬼就免了!!

CASE4
無法拒絕討厭事情的孩子
別對貼心孩子背後的原因視而不見
星期天
來阿姨家玩
哎呀，愈來愈有老師的樣子了。
別站在門口，快進來！
好久不見，大家都好嗎？
阿姨有個正在念小學二年級的兒子——
想不到小陽當上老師了呢～～
咚
咚
咚

蓮在課業學習上有點吃力，
小陽哥好啊！
現在在資源班上課。
蓮！去打電動吧！
啊！打擾了！
嗯！
不好意思——今天兒子的朋友來家裡玩。
沒關係的，我現在也負責差不多年紀的孩子。
喔——是這樣啊？
蓮的房間
哇！這款遊戲
不是最新出的嗎!!
集合啦
深海魚友會

好棒喔，可以借我嗎？
咦？
拜託嘛，好不好？借我啦！借我啦！
謝謝媽媽買給我這麼棒的禮物！
耶
明天趕快來玩！
唔……嗯，好喔。
真假？真的嗎!?
蓮真是大好人！

明天見——
掰掰
咦
新遊戲借朋友了？
可是不是昨天才買的嗎？
蓮也還沒開始玩吧……
……因為朋友一直拜託我。
蓮真的很體貼呢！
嗯——啊。

……其實啊，蓮很常這樣。
蓮給人的感覺很溫和，個性也大而化之……
常常沒辦法拒絕別人。
原來如此啊——
我的話可是小氣得很，誰都不借唷。
哈哈哈哈
喔呵呵呵
就是說——以前運動會的時候不就……
——昨天親戚的孩子發生了這樣的事！

教職員室
看起來
蓮真的是個很懂事的小孩呢！
嗯
你覺得那些無法拒絕討厭的請求，或是容易被周遭影響的孩子有哪些共通點？
這也有共通點啊？
當然！

每當無法拒絕別人的時候，就會被讚美「你人真好」——
像蓮這樣的孩子，共通之處在於
都是朋友口中的大好人喔。
咦……
若是追根究柢，就是缺乏人際交往的能力唷。
你說蓮是在資源班上課對吧？
如果蓮在智能上有所不足，

就無法參與同學的對話，
也難以建立起對等的關係——
也許還會被霸凌！
……所以蓮才會那樣。
害怕被同學排擠，為了不被大家討厭才這麼努力嗎？
沒錯……所以
與其說是「體貼」，
不如說「幫助朋友」能夠讓這些孩子有被拯救的感覺。
集合啦
深海魚友會

更可怕的是，為了討好朋友而去做不好的事。
你很厲害嘛！
這小子帥喔！
輕浮樣
國中生
1000
孩子便會學到，「原來這樣做會被大家喜歡」。
如果因此和壞孩子交上朋友……
這也是做出不當行為的原因啊。
愈是無法拒絕別人的體貼孩子，
就算內心很掙扎，還是會順手牽羊。
偷東西!?
這是極端的例子啦！蓮的家庭氣氛似乎不錯，
應該不用太擔心……
但是蓮之後
最好還是要多練習如何拒絕——

如果可以，像是角色扮演※就很不錯呢。
我也會和阿姨提提看！
嗯嗯！也需要注意蓮和朋友之間的權力關係喔。
開門聲
原來如此
要注意常被讚美「貼心」的孩子啊。
黑澤老師，這個話題不如一邊喝咖啡一邊繼續……
大頭老師也一起吧！
你也想一起喝咖啡，對嗎？
對吧？
唔、……嗯。
那我來幫大家沖杯好喝的咖啡吧！
哎呀，你真是太體貼了。
太感謝了
咦
難道……
奸笑

※為了在狀況發生時能採取適當的對應方式，預先扮演某個角色作為練習的一種學習方法。

第1章的結語

我們可以從以下幾種情況，來觀察孩子是否缺乏自信。

- 一直失敗
- 總是被老師或父母關切
- 不會讀書
- 不擅長運動
- 人際關係不佳
- 遭到霸凌
- 被父母虐待

這些情況的背景原因，可能來自學習障礙、智能障礙（包含臨界智能和灰色地帶的孩子）和不當教養等。孩子一

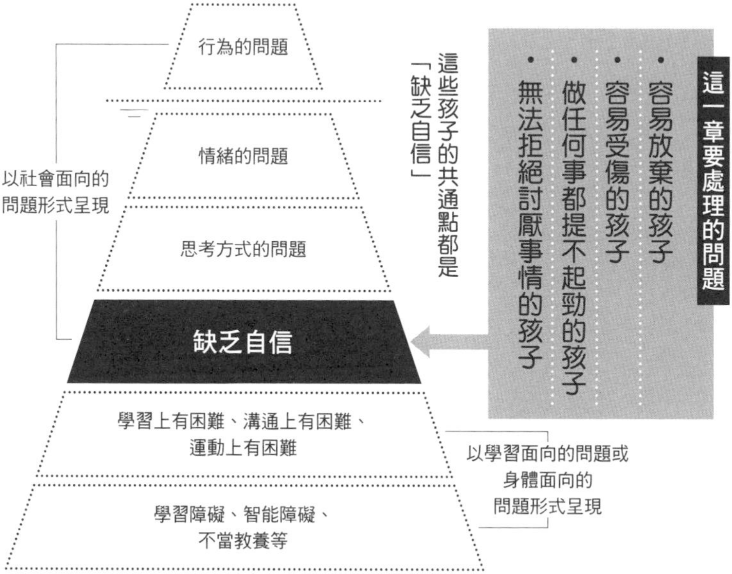
這一章要處理的問題
・容易放棄的孩子
・容易受傷的孩子
・做任何事都提不起勁的孩子
・無法拒絕討厭事情的孩子
這些孩子的共通點都是「缺乏自信」
行為的問題
情緒的問題
思考方式的問題
缺乏自信
學習上有困難、溝通上有困難、運動上有困難
學習障礙、智能障礙、不當教養等
以社會面向的問題形式呈現
以學習面向的問題或身體面向的問題形式呈現

圖 1　區分孩子行為問題各種背景成因的冰山模型

旦出現前述的情況，就會陷入雖然想要有自信、卻依然缺乏自信的心態中。因此，針對這些沒自信的孩子，大人們不只要「察覺他們的優點和強項」「幫他們找出擅長做的事，並讓他們充分發揮」「透過讚美讓他們擁有自信」「給孩子舞臺」，也必須考慮到：

- **導致這些情況的因素是什麼？找出背後的原因。**
- **要改善這些原因，我們可以怎麼做？**

也有些情況是無法在學校獲得解決，必須協同兒童福利中心或醫療院所等外部機關的。

第2章

別對思考方式不一樣的孩子視而不見

CASE 5
經常說謊的孩子
別對說謊背後的原因視而不見

這個月的目標是大家和樂開心的相處吧！
今天輪到我們三班打掃
渡邊同學負責教室前面的樓梯和男廁所。
是！
其他人打掃教室。
女廁和倒垃圾就麻煩你囉！
好——
老師我掃完了——

噢！渡邊同學掃得好快！
亮晶晶
最後……我來看看。
打開
有好好打掃廁所嗎？
？
老師不是請你打掃樓梯和
男廁所嗎？
咦
老師只有說打掃樓梯啊。

不能對老師說謊喔。
大家都很認真打掃，只有你一個人在偷懶……
嗚、我才沒有說謊！
老師太過分了！
……
掰掰！
明天見！
市立青空國民小學
哎呀，渡邊同學也太……
EXCUSE me.

By any Chance.
甜甜一笑
Are you Chimutaku[1]?
球……球隊[2]？
？？？什麼？
？
YE……YES？
？
Wow!
YES YES？
Actually I……
OH my gosh!
I'm so a big fan!
喀擦
喀擦
？
？
？
？
Yes?
Yes……
緊握
Thank you so much!
YE……YES？
Bye～
這人說話好快……
——到底說了什麼？

1 指キムタク（Kimutaku），為日本人氣偶像木村拓哉的暱稱「木拓」。
2 チム（chimu），指團體、球隊。

今天真是各種疲憊啊……
垂頭喪氣
哎呀，是大頭老師。今天辛苦了~
啊！黑澤老師。
今天是不是和渡邊同學怎麼了？
咦？
被看見了嗎？
這個，其實是……
說了謊嗎？

就是說啊。堅持自己「只被交代要打掃樓梯」……
渡邊同學很常發生這種情形。
原來如此。
不，他可是有好好回答了喔。
聽起來有可能是無法理解指令，聽不懂大人說話的意涵，
所以渡邊同學才這麼生氣嗎？
可是啊，有些孩子雖然聽不懂大人說什麼，卻還是會一一說「好」。
但若是聽覺理解力較差，就沒辦法充分了解對方的意思了。

有的孩子就算聽不懂，也會因為卻步而不敢再發問……
好丟臉……
我也是有自尊心的……
……是。
只好給出了符合現場氣氛的回應。
大頭老師不也是嗎？剛剛有個外國女生……
呵呵呵
都看到了嗎!?
不——
啊……
YES
……YES?
×○×△
×○○××
Chimutaku!
球隊……？
說不定，渡邊同學只聽懂了
要「掃樓梯」這件事。
……也常發生只有渡邊同學一個人搞錯了
課本上要解答的問題。

若是如此，平常就要注意渡邊同學
兩個字
三個字
或是更多
能夠理解話語到什麼程度唷！
如果只能理解兩、三個字，該怎麼辦？
指令或約定要簡短！
掃樓梯。
掃男廁所。
試著把指令分成幾個部分，
也讓當事人複述一遍，並確認對方確實理解了意思。
但如果真的只是愛說謊的孩子……？
也是有這個可能性呢。

從心理的角度來看——
不想被罵。
說謊才能保護自己。
總是被父母責備。
被否定。
必須小心去探究這些行為背後的原因。
發生在渡邊同學身上的壞事嗎……
嘆氣
振作
失敗就能夠學到更多喔！
是！明天就去道歉。
……也不要讓那位外國女生失望唷。
顆顆
咦!? 那個外國人到底說了什麼？
祕密。等你進步之後再告訴你。
咦——我想知道！

CASE 6

想引起別人注意的孩子

別對想受到幫助的孩子視而不見

……
我也——
吃我一拳！
揍
好痛！
中村同學！
你在
做什麼……
給我好好
解釋清楚!!
山田不是
也這樣嗎？
為什麼只有
山田可以——
這不是公不公
平的問題。
中村同學
也知道吧？

不滿
那就是
偏袒囉！
……這孩子——
中村同學
這麼說啊？
對……
班上的同學當中，
有的孩子知道
山田同學
在學習上有困難，
所以會主動
給予幫助……

雖然如此，中村卻說──
太狡猾了！
是偏袒吧！
比起其他同學，我確實較常關心山田，時常找他聊天。
卻被看成是偏祖嗎……
很可能喔。
說不定中田同學就是這麼想的。
擁有「渴望被看見」的強烈需求。
山田同學
無法理解山田同學需要幫助的狀況。

孩子無法理解狀況的原因
缺乏看場合說話的能力。
啊哈哈哈哈哈
真過分！
缺乏知覺能力・聽覺理解。
孩子「渴望被看見」的原因
在家庭中未受到父母親足夠的認同。
和朋友之間相處得不順利。
我這孩子都幾歲了還沒有女朋友……
老媽!!?
哪壺不開提哪壺！
缺乏自信。
你怎麼了？
發牢騷
全世界的女性請多青睞我一點吧……
碎念……
不過
前陣子中村同學……

他怎麼了？
沒事吧？
抽搭
啜泣
嗚哇
我養的貓咪死掉了。
為了這種事哭，
好像女生喔～
話說回來，前陣子也——
保健室
怎麼辦才好呢？聯絡不上這孩子的父母親呢。

他的雙親似乎每天都很晚才下班回家。
看起來應該是輕微發燒。
……
——發生了這樣的事。
「只偏袒別人」，這正是孩子所發出的訊號。
訊號？

「我也想要獲得幫助！」
所以，說不定對於中村來說，也需要別人給予更多的關心。

朋友之間往來是否順利？
學習過程中是否受到挫折？
我會再仔細觀察看看的！
是啊，同時要和家長好好溝通這些狀況——
最近有沒有什麼變化？
是否被霸凌？或是其他容易忽略的障礙？
家庭狀況如何？
這些也都要注意唷。
……這都是沒辦法從其他老師身上獲得的訊息！
做筆記
還有一件事，

對於主動
伸出援手的孩子，
也要隨時
表達感謝！
讓他們知道，
「我都有看到喔」——
具體的讚美，
也是讓學生們感覺
自己被「認同」的
關鍵。
原來如此！
謝謝黑澤老師！
啊，
上課了！
鈴響
全世界的女性
也都看到你了唷！
對吧？
Chimutaku老師。
球隊……
咦!?
I'm
Happy.

CASE 7
假裝沒看見自己犯錯的孩子
別對看不見自身問題的背後原因視而不見
誰把東西隨便擺在這裡！
抱歉，是我。
真是的！黑澤老師！實在教人困擾！
火大
總之呢，占用公共空間是很危險的。可是妳還……對吧？……所以我說……
碎碎唸
碎碎唸
是……
——好了，之後小心一點啊！
氣噗噗
什麼嘛！自己還不是偶爾會把東西放在上面。
真討厭——
哼

出
端
好了好了
黑澤老師休息一下吧？
粉紅色的是紅豆餡，白色的是紅豆泥喔！
餡料滿滿 小豬豬燒
吞口水
呀——
這個現在很受歡迎，很難買耶！
謝謝！
——不過，
那位老師總是不反省自己，還常常檢討別人啊～～
畢竟人常看不見自己的缺點嘛。
啊
……說到檢討缺點，
最近去小林同學家
進行家庭訪問時——

又來了！誰的牙刷又亂放了啦！
哎呀——抱歉抱歉，是爸爸的。
呃……？
可是妳之前不是也常亂擺嗎？
氣噗噗
喂——我說蒼太！

吃飯的時候不可以一邊玩遊戲！
真是的
啥——
妳不也一直都這樣嗎？
……說起那孩子
為什麼都不檢討自己做了什麼，只會要求別人？
可能是看不到自己的問題吧。
不曉得在學校的情況如何？有機會可要問問大頭老師……
然後在學校也是……
丟
丟
丟

不可以喔——
小林同學。
要好好
上課喔——
是——
訓斥
但是在其他
課堂上——
丟
嘻嘻
火大
老師！
太惡劣了
他們都在丟橡皮擦，
對別人惡作劇!!
妳哪有資格
說別人!?

原來如此——
那你覺得，為什麼小林同學
「看不到自己的缺點」呢？
這個嘛……
那是因為啊，
「自我評價是從與外界的關係中建立起來的」，對嗎？
？
放下
那麼，我要開動囉！
哎呀～
請用。
快速開動

舉例來說……
那個人
和我說話時，
總是看起來
很生氣……
我的眼鏡……
他是討厭
我嗎!!
大家都露出了
微笑！
我應該滿受
歡迎的吧！
就像這樣，
透過來自外界的
訊號，
察覺到原來自己
「也許是這樣的人」。
沒錯！
孩子為了
更了解自己……
會能透過
和別人的溝通，
得知對方的反應，
並一一消化來自
外界的各種反饋。
?
訊號
?
訊號
!
訊號

一旦誤解了外界的訊號……？
就無法對自己做出適當的評價，對嗎？
這麼說，小林同學或許正處在這樣的狀態中也說不定！
震驚
我、被討厭了嗎!?
其實也需要
知覺和聽覺上充分的理解能力唷！
黑澤老師，要習得這些技巧，果然還是要靠小組合作吧？
小組合作？
舉例來說，

如果自己下輩子轉生成這種動物
將四～八人分成兩組討論。
設定沒有標準答案的主題，讓孩子們一起討論。
貓
喵
狗
汪
CLIP STUDIO
狗比較強，當然是狗！
貓拳才厲害！狗裡面的小型犬就很弱！
嗯嗯～～
原來──那個人比較喜歡狗啊～～
是一種價值觀競賽呢。
沒錯！
在溝通過程中，不只要正面迎向對方的目光，
也和語言的理解技巧有關。
猶疑
不定
狗好像也很不錯啊。

說話的時候，必須確認是否有做到這些基本動作。
看著對方的眼睛。
適當地回應。
然後——呢？
稍作停頓。
繼續問問題。
就和大學時期學習的角色扮演一樣，
讓孩子內化道德意識，對吧？
孩子為了不被問討厭的問題，自己也不會這麼做！
就像以餡料來說，是紅豆餡派？還是紅豆泥派？對吧？
我的話絕對是紅豆餡派！
咬
咦!?好意外，我覺得紅豆泥比較好。
不不，那可是豆子原本的風味……
但紅豆泥的口感……
你們兩個都冷靜點——

CASE 8

無法理解他人感受的孩子

別對不具同情心的背後原因視而不見

這樣啊——一定很難過吧？
老師以前養的貓咪死掉時，
連學校都不想來呢！
抽泣不止
加藤同學真的很堅強啊！
加藤的狗死掉了？
再去寵物店買一隻不就好了？

吉田同學，不可以在旁邊說風涼話喔！
哪有？我只是告訴她這件好事耶！
我想加藤聽了應該也會很開心吧……

聽說「精神病人就在我們身邊」？
但也很難說什麼是正常狀態……
怎麼了嗎，大頭老師？
唉～其實今天——

噢——原來如此。也就是為什麼無法考慮到別人的心情，對嗎？
話說回來，你們覺得兩個人之間要考慮對方的心情到怎樣的程度？
嗯——
至少從表情來判斷對方現在是怎樣的心情……是這樣嗎？
不只——應該要關心「珍愛的狗狗死掉了很難過吧」才對吧？
沒錯！——這樣就有了程度的差別。

程度①
仔細識讀對方的表情。
就是我剛說的吧！
程度②
察覺對方的心情。
還可以從表情以外的其他資訊或情況來觀察對方的心情。
程度③
能夠想像對方當下處境的背後原因，並理解對方的心情。
這是最困難的階段！
比較簡單
難
舉例來說，在程度③的情況——
加藤同學沒有兄弟姊妹，
於是把飼養的狗當作弟妹來疼愛嗎!?
難道就像自己的妹妹死掉了那樣難過嗎……!?
那實在太困難了……
很難想像到那個地步啊！
就是說啊。程度③的能力又叫做「共感」，是相當高級的技巧呢！

吉田同學的行為，說到底就是因為他連加藤同學難過的表情都沒辦法察覺，
從最初級程度①的識讀表情就出現問題了呢！
即使用心理輔導也不容易做到共感吧！
好像也不是我能輕鬆做到的事。
比起這些，吉田同學甚至可能欠缺表情認知的能力。
所謂認知對方的表情是——
能夠專注在對方的表情上，
能獨力辨別對方的表情。
！

進行表情的識讀練習時，可以先使用表情照片等方式。
沒錯！因為在這之前並沒有把注意力放在對方身上，也沒有察覺對方的表情，所以這些也是必要的練習呢！
正面朝向對方的身體和臉，
看著對方的眼睛。
那麼，要進階到程度②「察覺對方的心情」，應該怎麼做呢？
這階段需要建立孩子的道德發展。
大口
通過各式各樣的體驗，開啟學習。
但是，做不到的大人也很多呢！
再來一杯！
咚
嚇一跳——

——所以對孩子們來說，
要盡可能讓他們增加體驗。
才能有更多機會去考慮到他人的心情。
原來如此。
如果表情認知上有問題，
可能連判讀情境的能力都會出現問題。

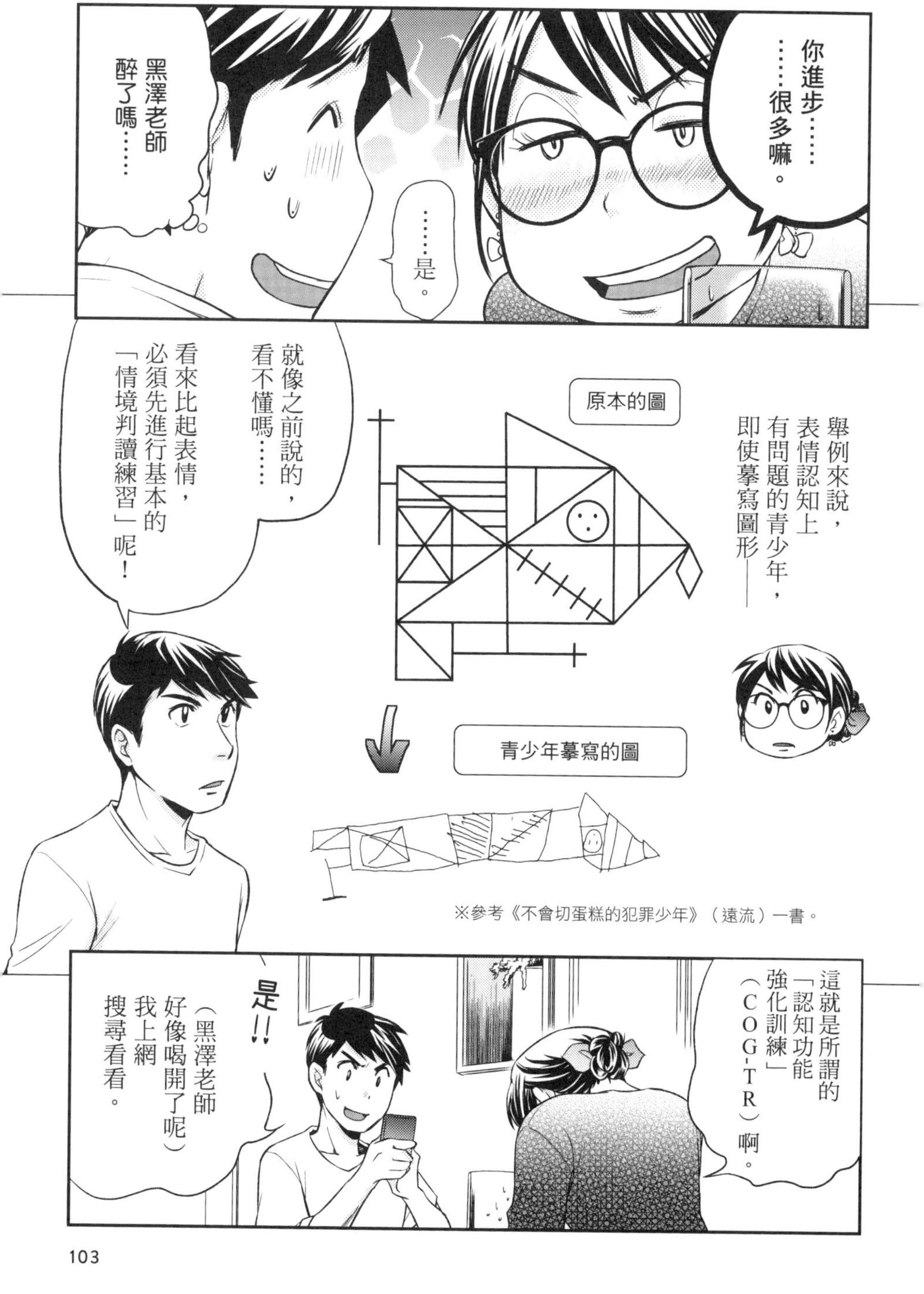
你進步……很多嘛。
……是。
黑澤老師醉了嗎……
舉例來說，表情認知上有問題的青少年，即使摹寫圖形——
原本的圖
青少年摹寫的圖
※參考《不會切蛋糕的犯罪少年》（遠流）一書。
就像之前說的，看不懂嗎……
看來比起表情，必須先進行基本的「情境判讀練習」呢！
這就是所謂的「認知功能強化訓練」（COG-TR）啊。
是!!
（黑澤老師好像喝開了呢）
我上網搜尋看看。

我想到了！
砰
精神病人真的就在我們身邊！
真的很近……
……
……
重複嘮叨
校長啊
校長
乾——杯
鴉一号店

第2章的結語

我們在第1章介紹的「缺乏自信」，為什麼會對孩子造成不好的影響呢？孩子一旦缺乏自信，在某些情況下就會出現「思考方式的問題」。舉例來說，A同學和B同學兩人都被C同學指責「那樣做不對」，B同學對此的感受是「謝謝C同學好心提醒」，A同學卻只覺得「煩耶，把我當笨蛋嗎」，對於同樣一句話「那樣做不對」，就有接受善意與感到受傷等不同的思考方

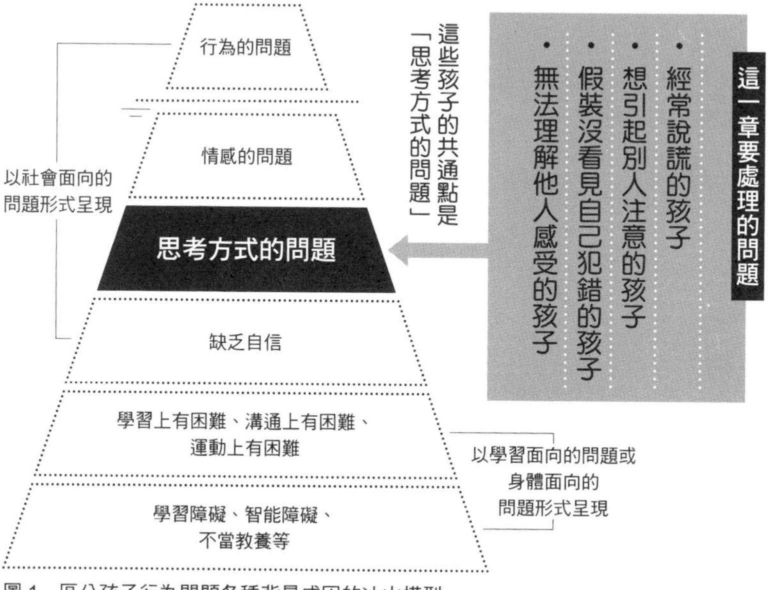
這一章要處理的問題
・經常說謊的孩子
・想引起別人注意的孩子
・假裝沒看見自己犯錯的孩子
・無法理解他人感受的孩子
這些孩子的共通點是「思考方式的問題」
行為的問題
情感的問題
思考方式的問題
缺乏自信
學習上有困難、溝通上有困難、運動上有困難
學習障礙、智能障礙、不當教養等
以社會面向的問題形式呈現
以學習面向的問題或身體面向的問題形式呈現

圖 1　區分孩子行為問題各種背景成因的冰山模型。

式。很容易就能想像得出，哪一種才是恰當的思考方式。

那麼，為什麼A同學會產生受傷的思考方式呢？除了和一直以來的人際關係狀態（比方說被霸凌）等因素有關，另一個很大的原因就是A同學「缺乏自信」。一旦對自己失去自信，聽到批評時就會容易產生「又在指責我的不是了」「反正都是我不好……」這類想法，如此一來，無論如何都不可能正面看待別人的話語。

當然，在缺乏自信之外也和其他不恰當的思考方式有關。如同本章所列舉出的狀況：聽不懂別人的話、沒察覺到自己的狀況、無法識讀別人的表情和判讀情境，像這些就不屬於缺乏自信的問題，而可能是認知能力較弱，或是有如同圖1最下層的（學習障礙、包含臨界智能的智能障礙和灰色地帶等）原因。

第3章

別對情感模式不一樣的孩子視而不見

CASE 9
容易失控的孩子
別對暴怒背後的原因視而不見
2-3
那麼今天要請大家自己動動手！
試著
剪
色紙
好～～～
！
剪
森田同學，還沒有要摺紙唷。
因為要先把盒子上色。
噢～不行嗎？我覺得可以啊！
可是剛剛老師說……
碰

生氣
呀
怎、怎麼了？冷靜一點。
哇
哼
森田同學，那是不對的行為喔。
老師～～～接下來的步驟是什麼？
探頭
呃——大家再等一下喔。
森田同學，沒事了嗎？
能回座位嗎？

教職員室
一臉陰沉
抓狂了……
嘮叨
發飆了……
碎碎念
振作一點！
暴走方式也太驚人了……
喋喋
不休
也沒有女朋友，我不行了……
碎碎唸
太負面了吧!!
交頭
接耳
原來如此，要怎麼面對失控的孩子嗎……

如果從發生在自己身上的事來思考。
大頭老師在什麼情況下會感到「憤怒」？
唔～
要是我，應該是被人輕視或是做什麼都不順的時候……吧。
所以，森田同學應該也是覺得「被隔壁同學輕視了」
——沒錯吧？
可是……？
隔壁同學明明是很親切地提醒他。
但森田同學還是覺得自己被輕視了啊。
怎麼會……
尤其是對自己缺乏自信的孩子，只要聽到別人說了自己什麼，
就算對方是出於好意，
還是會覺得自己「又被輕視了」而感到憤怒。

……回想起來，森田同學總是心浮氣躁，
常因為忘東忘西被我提醒，
課業上也比較吃力。
——果然如此呢！森田同學因為常失敗而對自己失去自信，
可能也產生了受傷、挫折等等情緒。
說到缺乏自信的主要因素有：
人際關係不順遂。
經常被提醒、警告。
無法理解課堂上的知識。
容易忘東忘西。
不擅長運動。
說不定森田同學是灰色地帶的孩子……？
對！你記得很清楚呢！

但是大家其實對森田都很友好……
我非得想出個好方法來應對不可。
沉
思
嗯嗯。在教室的因應方式可以視情況
分成幾個階段。
階段……？
想發脾氣的階段。
走去能夠讓自己消氣的地方。
接著是感到憤怒時的階段。
做深呼吸或想著開心的事等等，讓自己冷靜下來。
覺得自己「被輕視了嗎？」的階段。
練習改變思維模式
O←X
啊！說到改變思維模式，
就是在鈴木同學那個案例中所學到的技巧吧！
說不定……？
也就是練習從不同的角度來思考。

沒錯！雖然很難一下就冷靜下來，
做個深呼吸或慢慢數數，
一招讓你爆笑的哏
也可以想著喜歡的搞笑藝人。
最好事前就想好，對森田同學來說有效的方法。
可是建立自信才是基本喔！
話說回來，什麼事會讓大頭老師覺得壓力很大？
壓力嗎？
啊啊校長，
今天的領帶也很搭呢！
煩躁起來
呀哈哈哈哈
哈哈哈
哎呀～真是好年輕啊！實在和校長太搭了～
OK！
對孩子來說，人際關係正是他們最大的壓力唷。

所以包含待人接物的技巧在內，無論處在哪個階段的孩子，都要每天練習才行。
說到待人接物的技巧，連身為成熟大人的我都沒有自信呢……
待人接物……
就是所謂的溝通能力對嗎？
具體來說要進行什麼樣的練習好呢？
什麼時候來的!?
嗯嗯，在孩子的互動上，首先是
互相問候、表達感謝或是好好道歉……
早安！
早安！
原來如此！也就是「人際溝通禮儀」吧！

事不宜遲，來練習看看吧！
大頭老師想發脾氣的時候會做什麼事讓自己冷靜下來呢？
我嗎？我啊，
會去卡拉OK唱砂嵐的歌——
傻笑
世上
用這雙手停下
熱唱!!
噢!!砂嵐!?我也超喜歡的♥
我也是鐵粉唷！
對呀——很多很棒的歌對吧？♥
……之後對他稍微好一點吧。
他好像累積了不少壓力……

CASE 10
情感激烈起伏的孩子
別對被遺棄的
不安視而不見
午休時間
哇！好棒～～
Happy Love 占星
這本書借我！
如果只有一下下的話就可以。
後藤同學，差不多要還我囉～

不滿
後藤同學，怎麼了嗎？
我……不想進教室……
嗚嗚
山口同學那樣說好過分……
可是老師並不覺得啊……
微笑
叮咚
要開始上課了喔！
不管怎樣，先進去教室吧！
好嗎？

教職員室
我終於抽中了……
砂嵐的LIVE巡演票……
中……中籤了？
噢！恭喜黑澤老師。
其實我也……
這可是「白金門票」唷！我這一生的運氣都用在這裡了啊啊啊啊啊！
咦？這個號碼不對唷。
應該……沒中。
哇——黑澤老師!!

心情真是忽上忽下啊……
這麼說來，剛才也是，後藤同學原本還笑得很開心，卻突然……
——原來如此，是情緒起伏很大的孩子呢。
當時，後藤同學的內心是——
反正像我這樣的人，
大家都不喜歡我啦！
唉……
果然還是我誤會了……
——像這樣，可能產生了激動又不穩定的情緒。
哎呀～情緒真的變化好快。
其實，這些孩子之所以會這樣，

背後的原因都是來自
「被遺棄的不安」。
被遺棄的不安……？
懷著不知何時會被對方遺棄的不安，
對於對方的一舉一動，時而高興時而沮喪。
對方對自己擺出愛理不理的態度時，
因為覺得受傷而轉變成憤怒。
憤怒
針對自己。
憤怒
也針對其他人。

反過來說，被溫柔對待時
會覺得「他真是個好人」，心情也會變好，
這是一種測試行為唷。
測試對方能夠接受到哪種程度且不會遺棄自己，
會在潛意識中流露出情緒，測試對方。
嗚嗚
也就是說，對於後藤這樣的孩子來說，
必須視不同情況轉變對待他們的態度……
正好相反。
那樣一來，反而會讓他們感到混亂，還會產生多餘的不安感，
不可以這麼做唷！
嗚哇！討厭——
所以互動上態度要保持一致，這點很重要唷。
態度一致！

具體來說，
後藤同學又以激動或不恰當的方式宣洩情緒時，
不要反應過度……
哇啊啊啊
默默承受
表現很棒的時候，
可以透過讚美強化這類得宜的行為。
拍手
好厲害！
看見孩子們表現出不安、
擔心或是憂慮的模樣時，
確實接住這些情緒，
將「沒關係唷」的信號傳達給孩子。
啊哈哈
接受過頭了吧！

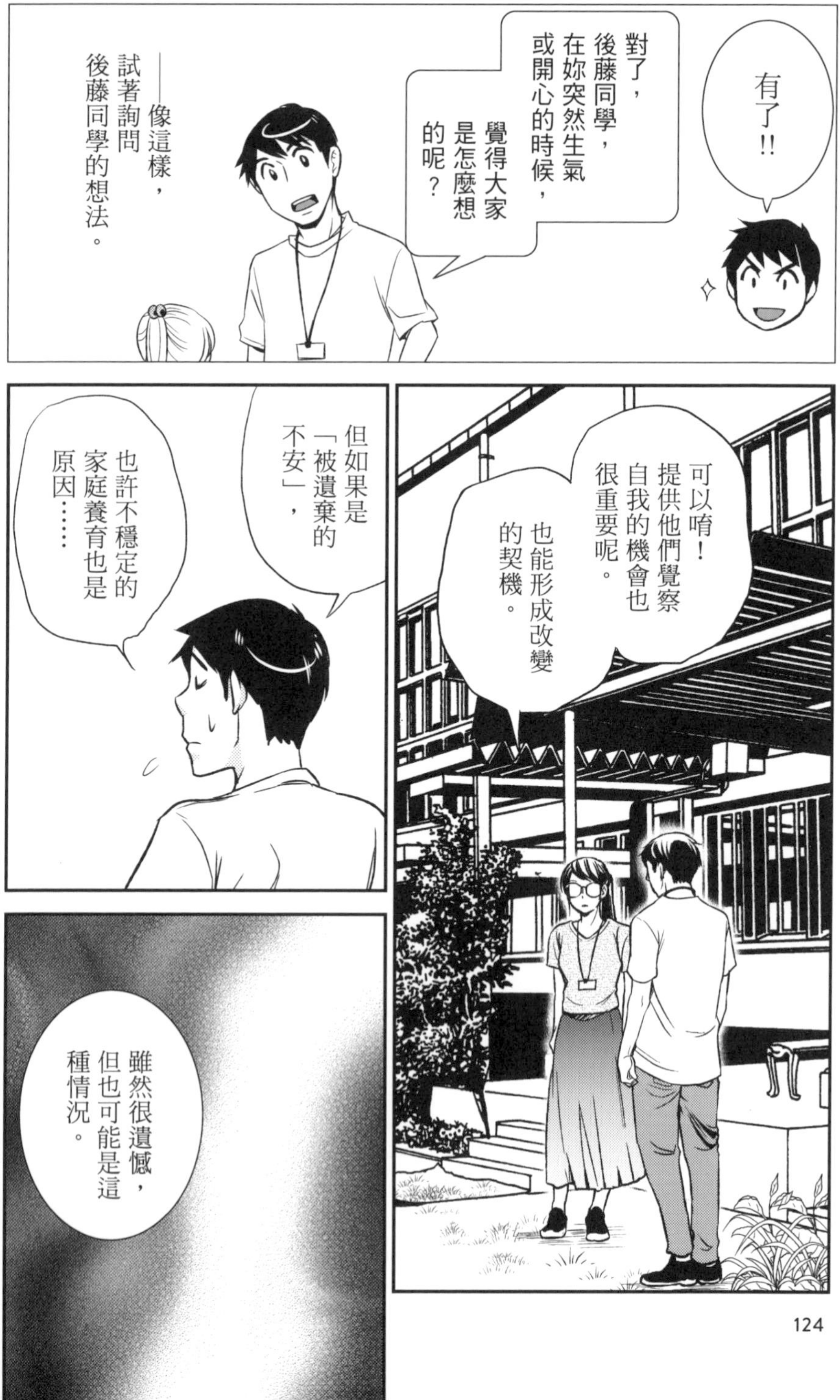
有了!!
對了，後藤同學，在妳突然生氣或開心的時候，
覺得大家是怎麼想的呢？
──像這樣，試著詢問後藤同學的想法。
可以唷！提供他們覺察自我的機會也很重要呢。
也能形成改變的契機。
但如果是「被遺棄的不安」，
也許不穩定的家庭養育也是原因……
雖然很遺憾，但也可能是這種情況。

帶著被父母遺棄的不安，
無法離開父母，卻也無法信賴別人。
從孩提時期就戴上了「好孩子面具」，
到了青春期，
會面臨到內心的糾結並產生激烈的情感。
所以平時就要密切留意……對吧？
啊，話說回來，
我抽到了砂嵐的票……

為什麼剛剛都沒說？在刺激我嗎？是要刺激我吧!?
オ、才不是！剛在想如果換作是我中籤……也好想去——
那個……如果妳不介意，
那個……要和我
因為有兩張票……
啊——啊！又沒抽中砂嵐的票~~
嚇！
萬念俱灰
咦？那是……中籤……了嗎？
呀——大頭老師當然會找我去吧!?我們是交心的朋友吧！
這……等一下！那個……
又一個情緒起伏激烈的傢伙呢。

CASE 11

不擅長表達情感的孩子

別對未分化的情感視而不見

發生什麼不開心的事了嗎？
沒有。
那是發生了什麼讓你難過的事嗎？
沒。
沒。
啊！
跑開
……松本同學？
在班上遇到什麼狀況了嗎？
要是告訴我，我就可以——
是不是在想如果松本能說出來就好了，對吧？

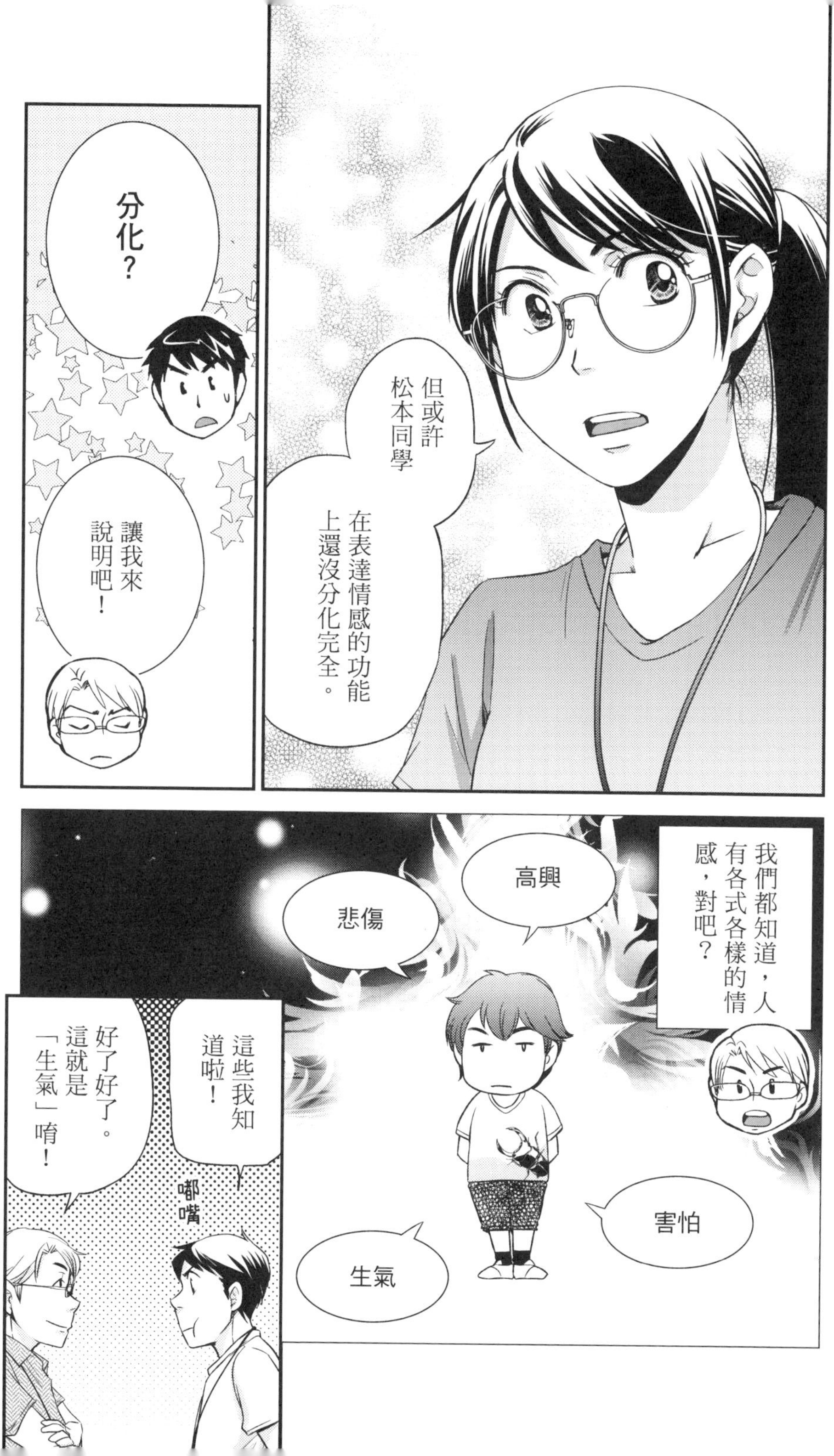
但或許松本同學
在表達情感的功能上還沒分化完全。
分化？
讓我來說明吧！
我們都知道，人有各式各樣的情感，對吧？
高興
悲傷
害怕
生氣
這些我知道啦！
嘟嘴
好了好了。這就是「生氣」唷！

——人在出生之後，會隨著發育成長，
興奮
快樂
不快樂
興奮
害怕
喜悅
羞恥
不安
等情緒
產生各式各樣的情感，
並逐漸分化完成。
可是松本同學內心說不出口的鬱鬱寡歡，
也許就是情感還未分化的結果。
或許因為這樣，他才無法用言語
表達出這些情感。
而且要說出自己的心情
其實並不容易呢！

盯
用一句話說出你現在的心情!?
咦!
這??
強勢
?
發生什麼不開心的事了嗎?
還是有什麼難過的事?
……
唔……真的不容易。
我剛剛還一直追問松本同學……
明天要好好向他道歉才行。
以後注意一點就好了唷!
可是得讓他明確表達出心情……
嗯——首先,對於松本同學來說,比起說出自己的心情,
不如從了解別人的心情開始。

相較於說出自己的心情，
想像並說出別人的心情還比較簡單，對吧？
所以首先可以從讓他說出別人的情感開始，
這樣在表達情緒或感情上的抗拒——
好像很難過。
也能慢慢減少唷。
原來如此。可以準備各種各樣的表情照片，
詢問他「照片上的人看起來是什麼心情呢？」這樣的做法如何？
我覺得很不錯！

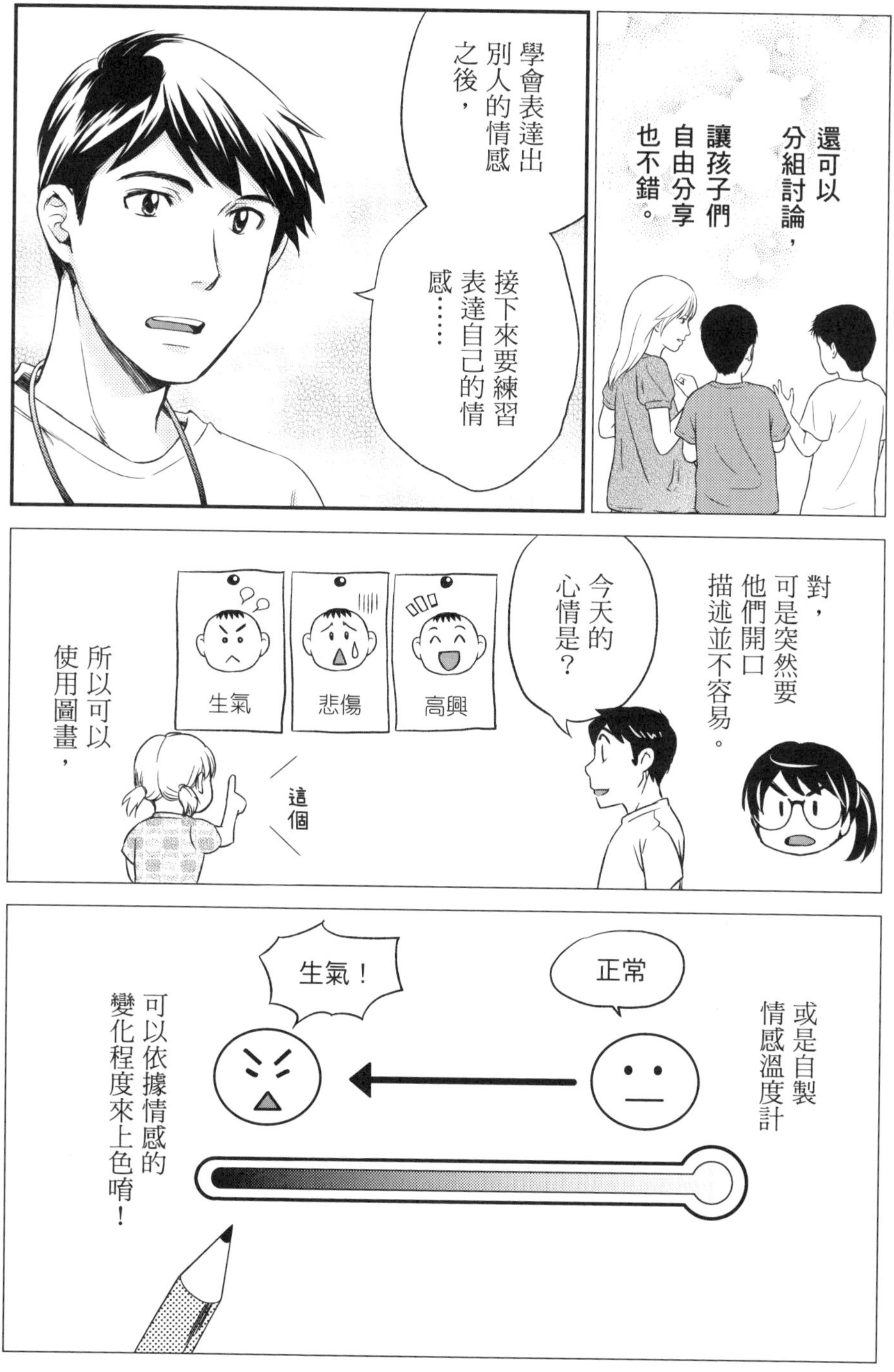
還可以分組討論，讓孩子們自由分享也不錯。
學會表達出別人的情感之後，
接下來要練習表達自己的情感……
對，可是突然要他們開口描述並不容易。
今天的心情是？
高興
悲傷
生氣
這個
所以可以使用圖畫，
或是自製情感溫度計
正常
生氣！
可以依據情感的變化程度來上色唷！

如此一來似乎很有趣呢！
對吧？習慣之後可以讓孩子挑選表情卡，
我現在是這個心情，要說為什麼……
一步一步慢慢練習。
嗯嗯
不過，也有就算看了表情卡也不容易判斷情感的孩子嗎？
也有喔。所以可以在孩子們看卡片時，像這樣——
眼睛瞇起來。
牙齒露出來。
笑得很開心。
眼睛睜得很大。
覺得驚訝。
讓孩子透過表情或身體的動作，認識各式各樣表達感情的訊號唷！

這麼說來，九條老師有什麼煩惱的事情嗎？
感覺一——直把手交叉抱在胸前……
咦？被發現了？
說起我的煩惱，那就是——

那就是戀愛……！
是戀愛帶來的苦惱吧？
激動
盯
沒發現嘛!!
啊啊，那個人……
校長～這個嘛～
哎呀～這套西裝太英挺了吧……
這張臉就很好懂!!

CASE 12

不擅長轉換情緒的孩子

別對思維的固化視而不見

井上同學，對不起，是我借錯書了。
高姿態
圖書室
真是多謝囉！
算了，應該很快就會重修舊好吧！
是……
不悅
下一堂是國文課吧。
不悅
今天午餐有炸雞！
不悅
第五節課都好睏～

再……
再見……
還在不高興
……也有可能更糟。
我苦
──就像這樣。然後就一句話也不說了……
看來是不擅長轉換情緒的孩子呢。

是……
雖然覺得這就是井上同學的個性。
你覺得為什麼會發生這樣的事呢？
因為感情用事，導致無法做出冷靜的判斷——是這樣嗎？
Yes!!
最近狀況很不錯唷！
是嗎……
人的情感也就是所謂的「情緒」——

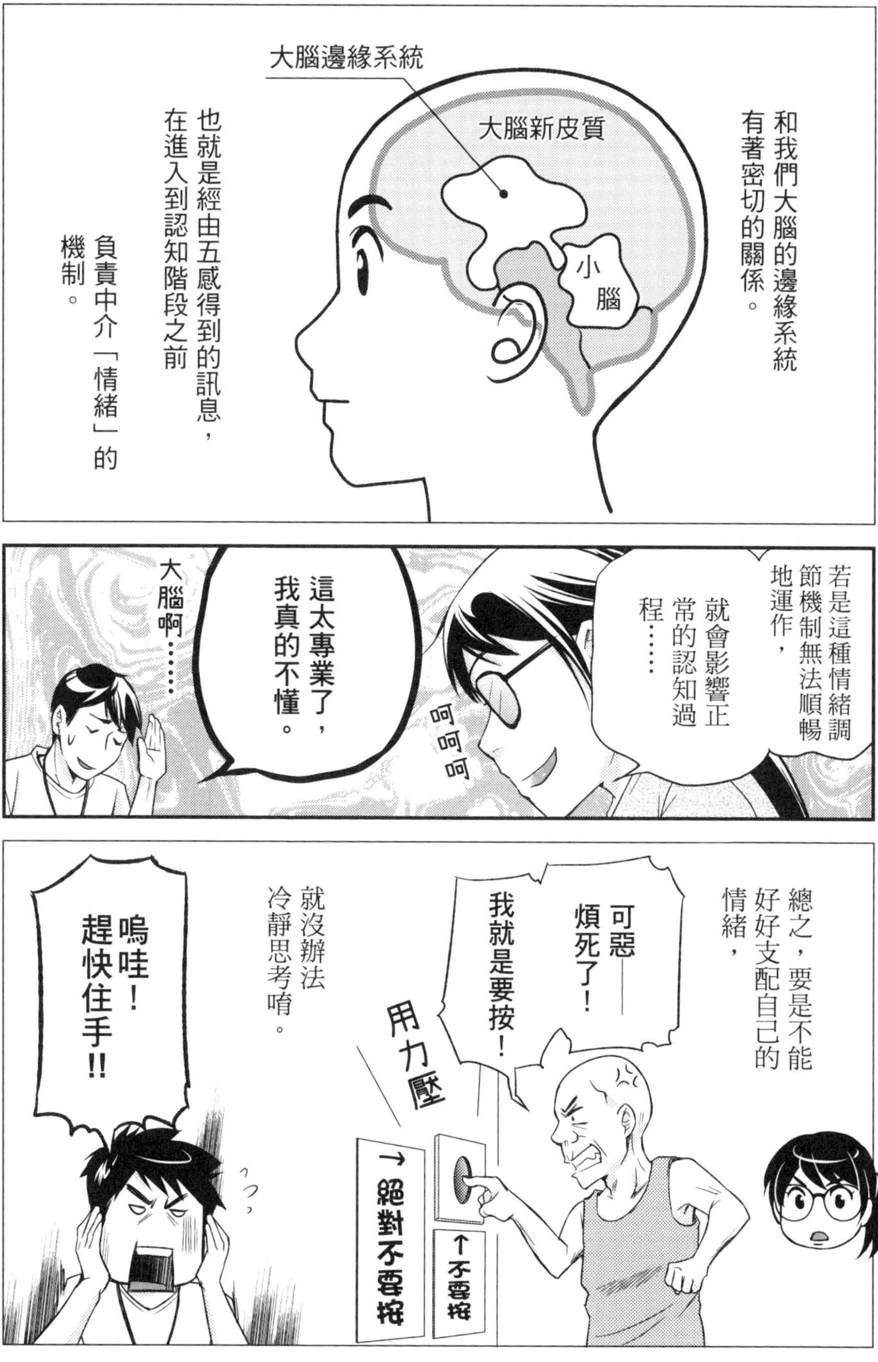
和我們大腦的邊緣系統有著密切的關係。
大腦邊緣系統
大腦新皮質
小腦
也就是經由五感得到的訊息，在進入到認知階段之前
負責中介「情緒」的機制。
若是這種情緒調節機制無法順暢地運作，
就會影響正常的認知過程……
呵呵呵
這太專業了，我真的不懂。
大腦啊……
總之，要是不能好好支配自己的情緒，
可惡——煩死了！
我就是要按！
用力壓
→絕對不要按
→不要按
就沒辦法冷靜思考唷。
嗚哇！趕快住手!!

的確如此，連大人
都會突然火冒三丈了……
可惡——我已經無所謂了！
下一場就用生活費全壓了！
大人的狀況更糟！
是吧？所以井上同學也一樣，面對自己無法解決的情緒，
也許就這樣一直被影響著。
原來如此
那麼，該怎麼讓井上同學……
那種情況下，只能讓她先冷靜下來。
可是若想要平復情緒，

首先，可以將思考中斷後的情緒訴諸言語，表現出來。
氣死我了！
好難過……
這樣啊。
如果用說的有困難，
也可以寫在筆記本或日記上。
只要能訴諸言語，就能客觀審視自己的情緒。
對○○很生氣。
對××有點感冒。
因為△△覺得難過。
寫日記也不錯。
可是每次都只能這樣發洩也很令人擔心。

是啊，所以最好
能在發生狀況前
事先準備適合自己的
解決對策。
或許
先讓給朋友
會比較好……
可以產生不同的
思考方式呢。
沒錯！
其他像是
共同決定彼此的
借閱時間……
12點前
是我。
那之後
換我。
還有就是，
如果一直都一臉不開心，
周遭人們的態度會
變得如何呢？
給予孩子覺察這些事的
機會也是有效的方法。

當有同學獨自一個人不開心，你會怎麼做呢？
傳達出「我都有在關心喔」——
這樣的訊息也不錯唷。
這對於一直鬱鬱寡歡的同學應該是個不錯的辦法。
反過來說，面對總是保持愉快、有活力的孩子又該怎麼做呢？
這種情況，只要事前告知就好。
做完功課才能玩遊戲唷。
讓孩子在情境轉換時同時轉換情緒。
下一次的同樂會就來試試看吧！
——這麼一來……

黑澤老師
對大腦相關醫學知識也很清楚呢。
好厲害！
嗯。剛好我爸是醫生，
偶爾會問他一些問題唷。
哇
老師的爸爸是醫生啊！
之後如果生病，我也可以向黑澤醫師求診嗎──
哈哈哈……
……到時候肯定就能知道
你的大腦在想什麼……
呵呵呵……
這可怕的臉到底是!!

第3章的結語

我們在第2章介紹的「思考方式的問題」，為什麼會對孩子造成不好的影響呢？孩子一旦思考方式出了問題，在某些情況下就會形成不恰當的情緒（例如「憤怒」）。舉例來說，和暴力直接相關的情緒就是「憤怒」。人際關係上遇到的麻煩，在大多數情況下，原因也經常來自於「憤怒」。

那麼，「憤怒」的原因是什麼呢？此外，我們在什麼時候會感到「憤怒」？我們會對

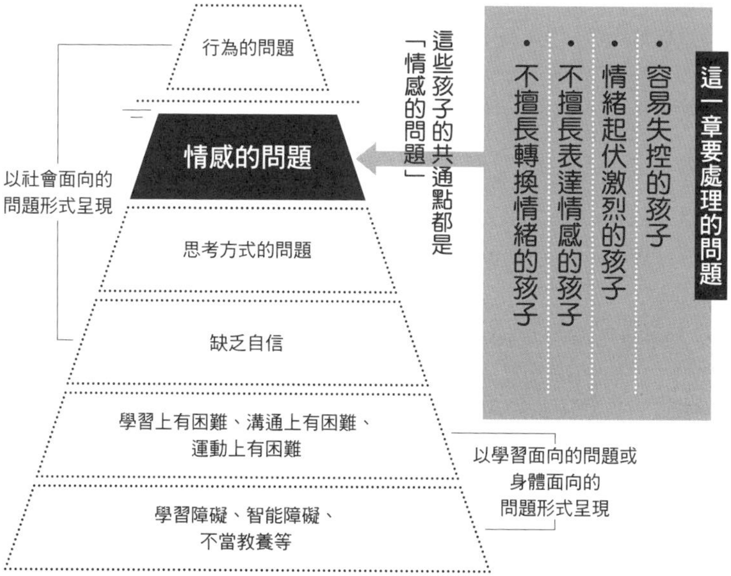
這一章要處理的問題
・容易失控的孩子
・情緒起伏激烈的孩子
・不擅長表達情感的孩子
・不擅長轉換情緒的孩子
這些孩子的共通點都是「情感的問題」
行為的問題
情感的問題
思考方式的問題
缺乏自信
學習上有困難、溝通上有困難、運動上有困難
學習障礙、智能障礙、不當教養等
以社會面向的問題形式呈現
以學習面向的問題或身體面向的問題形式呈現

圖 1　區分孩子行為問題各種背景成因的冰山模型

社會中不當的行為感到憤怒，那是源於自身的正義感，和切身的人際關係問題無關，因為日常瑣事的問題生氣就又另當別論了。對於學校的孩子們來說，「被輕視」「只罵我一個人」「和我想的不一樣」等想法，都是經常發生、而且大多是孩子在人際間發生問題的根源。這些想法都來自於每個人思考方式上的差異，而一旦思考方式出了問題，就容易產生不恰當的「憤怒」等情緒。

在對應這些情緒的問題上，如何控制自己的情緒是一大關鍵。即使覺得「被輕視了」，如果能適當控制自己的「憤怒」，就不會出現問題。此外，就算感受到壓力，也可以適度表達不滿的情緒。但是，臨界智能和灰色地帶的孩子們並不容易控制這些情緒，因而會出現各式各樣的問題。當孩子們在情緒上跌了跤，就讓我們來扶起他們吧。

第4章

別對行為模式不一樣的孩子視而不見

CASE 13
容易忘東忘西且不擅長收拾的孩子
別對粗心背後的原因視而不見
優斗！
優斗!!
快點快點！大家都在等你唷！
沒忘了什麼吧？
鉛筆盒帶了嗎？學校的課表呢？
下樓聲
水壺呢？書法用具呢？
都在書包了！

我出門囉——！
吧嗒吧嗒
讓大家等那麼久，要向大家道歉唷。
呼——
癱
終於出門了。
接下來要洗衣服……
啊！
大頭老師——
有你的電話唷。

木村同學的家長說
他忘了帶書法用具。
麻煩妳了
啊——又來了。
上週也是，都沒帶課本！
東西也常常不見。
總是漫不經心，
昨天也在大家面前好好提醒他了……
原來如此。
看來是還沒培養出自律性呢。

自律性……嗎？
通常在幼兒時期可以透過訓練養成……
但也有還沒養成自律性，
因此不擅長準備或整理東西的孩子唷。
要拿什麼東西、該怎麼整理比較好？
就算能理解這些，卻還是沒辦法著手準備。
所以就算問孩子：「忘了帶什麼嗎？」
他們可能也不清楚。

這倒是……
有一點搞不清楚
狀況的感覺……
所以不妨先決定
攜帶物品的優先順序，
讓孩子專注
在這些物品上
①
書法用具
②
鉛筆盒
③
隨身餐具
但不能期待孩子
一次就記得帶上
全部的物品。
對於木村同學
來說，
不忘記是相當
困難的事吧。
所以
「一天只要記得
帶一個」，
或許先這樣就好。
也就是小步
小步前進吧！

這樣一定辦得到！
我也會盡快去做家庭訪問，
以獲得家長的協助。
太好了！但是不可能都只交給老師或家長處理，
也要讓木村同學了解「自己是容易忘東忘西的人」才行。
老師、家長和木村同學三人要共同面對這個問題，
三方合作，對吧？
其他諸如在玄關貼上字條，
記得帶水壺。
前一天再一起確認過也很不錯。

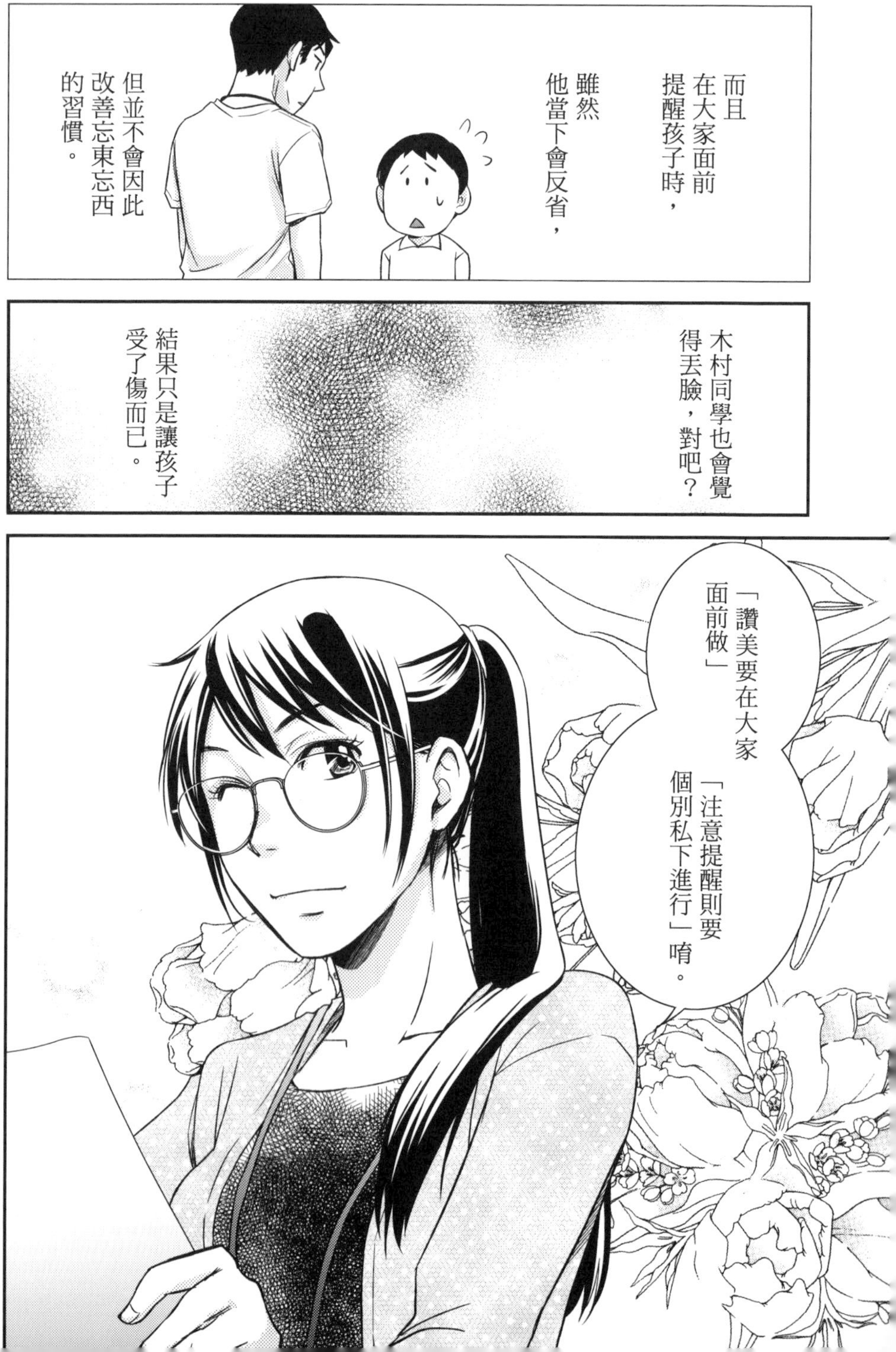
而且
在大家面前
提醒孩子時，
雖然
他當下會反省，
但並不會因此
改善忘東忘西
的習慣。
木村同學也會覺
得丟臉，對吧？
結果只是讓孩子
受了傷而已。
「讚美要在大家
面前做」
「注意提醒則要
個別私下進行」唷。

這是我過去一位尊敬的師長說過的話。
說得真好
回想起來……我以前也老是忘東忘西。
每次忘了帶東西就會被罰寫。
哇
我以前……
即使如此，我還是繼續忘東忘西。
也常常會這樣。
對於個人的失敗卻施以處罰的做法，實在一點意義也沒有。
什麼寫一百張反省文！
到底是多大的創傷……？
的確，害我之後一看到鉛筆就想起不好的回憶……
哇——是繭!!
孩子忘記東西的時候可以借給他，
也要讓他好好道謝。
謝謝你。

學會表達感謝，也能減輕向隔壁同學借東西的心理負擔。
這樣真不錯
說的沒錯……
啊！九條老師，辛苦了！
開門
大頭老師，正好！上次借你的砂嵐ＤＶＤ
有帶來嗎？
糟了！
這、那個嘛……
有帶來吧～～？
之前有說過，要是忘了帶，處罰是請吃燒肉唷～～
嗚！
默默離開
我接下來還有課……
真的很對不起！
處罰真的沒有用～～

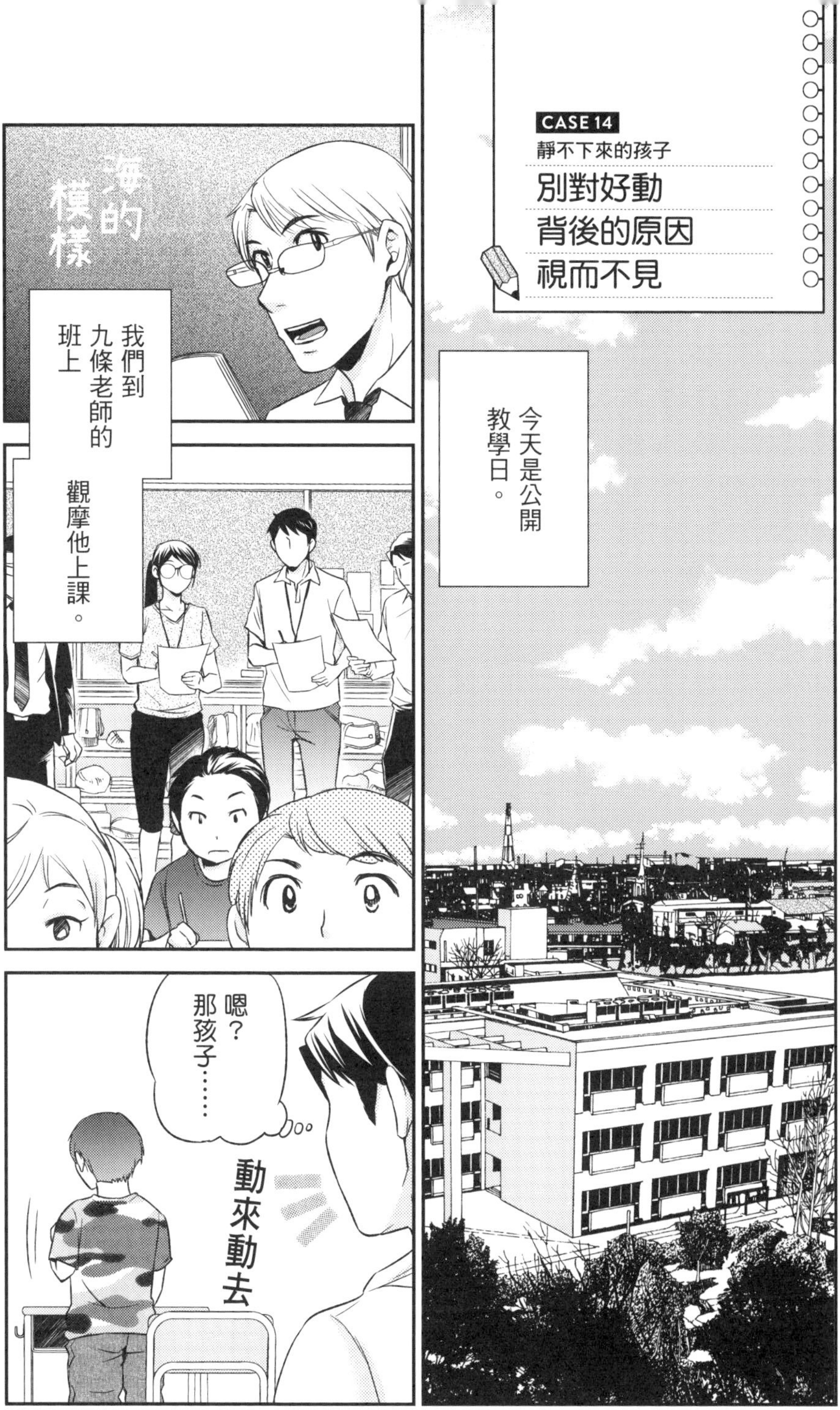
CASE 14
靜不下來的孩子
別對好動背後的原因視而不見
今天是公開教學日。
海的模樣
我們到九條老師的班上觀摩他上課。
嗯？那孩子……
動來動去

拍拍
打打
林同學，回自己的座位坐好唷！
咦
——接下來大家翻到下一頁。
靜不下來
林同學，要看黑板唷——
躁動
………

教職員室
黑澤老師，現在有空嗎？
今天我在課堂上提醒的林同學，
我懷疑他患有注意力不足過動症（ADHD）……
……
我剛剛也有點在意……
——我想問你們，
咚……

ADHD的症狀
包括注意力不足、過動衝動
這3種症狀，你們聽過嗎？
大概知道……
學生時期在課堂上學過。
可是啊，年紀還小的孩子
多半不容易專注，
而且不是都很好動嗎？
這樣算是ADHD嗎？
有道理，這樣應該不算……

孩子若接收到許多來自外界的各種刺激
就難以保持注意力唷。
我之前班上有個孩子也和林同學一樣，
連五分鐘的時間都無法好好坐在位置上。
但是孩子的家長卻說——
在電視前面打電動時，明明三、四小時都坐得住……
除了ADHD的問題之外，
似乎還有其他原因呢。
沒錯！
所以在課堂上坐不住的孩子其實是——

對上課的內容不感興趣，
也不清楚現在應該要做什麼，
或是做這些事的目的是什麼。
明明就對好玩的遊戲感興趣啊……
只要這麼一想，別的孩子
似乎也會開始覺得無聊。
所以在低年級的孩子們當中，
會使用視覺引導教材，或智力遊戲等教學方式。
高麗菜
150
錢包
葡萄
300日圓
拉麵
香蕉

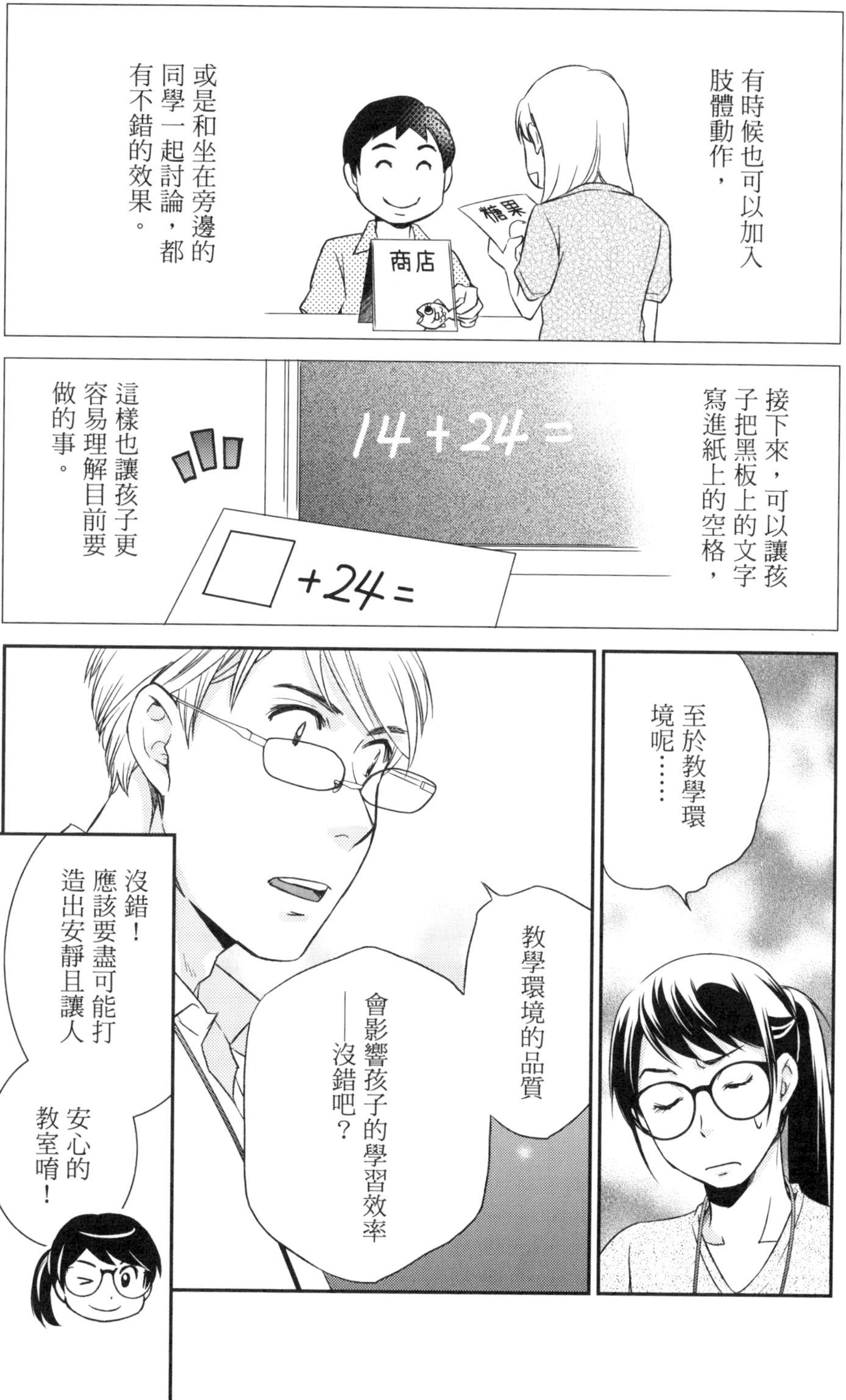
有時候也可以加入肢體動作，
或是和坐在旁邊的同學一起討論，都有不錯的效果。
商店
糖果
接下來，可以讓孩子把黑板上的文字寫進紙上的空格，
14+24=
+24=
這樣也讓孩子更容易理解目前要做的事。
至於教學環境呢……
教學環境的品質
會影響孩子的學習效率——沒錯吧？
沒錯！應該要盡可能打造出安靜且讓人
安心的教室唷！

不過現在低年級的教室
正好面向操場——
沒錯，
在那樣的環境裡一直被提醒要「坐好」，
林同學一定很痛苦吧。
在下次的教職員會議上提出來討論吧！
好主意！

老是警告孩子不要任意走動，
會讓孩子變得討厭學校或學習本身，
也會想要逃避。
過動、衝動是在低年級學生身上很常看到的特質，
等升上高年級之後，就幾乎都會穩定下來了。
希望一點一點地減少類似的情況發生——
讓我們以長遠的眼光來為孩子們著想吧！

原來如此。也要告訴其他的老師呢！
啊！
您知道嗎？教學環境品質對於孩子的……
咦……？是……
這不是我才說過的嗎？
哎呀呀
噓
大頭老師也在分享長遠的眼光唷。

CASE 15
動作慢吞吞的孩子
別對動作緩慢的原因視而不見
大頭老師，有空借一步說話嗎？
當、當然。有事嗎？望川主任。
大頭老師班上的齋藤同學
動作好像都比別人慢，
能好好指導她嗎？
畢竟今天早上——
Note

第三堂和第四堂課
要進行運動會的練習。
第二堂下課之後，大家就換上運動服
去操場集合喔——
好
奔跑
……
走吧
安——靜
……
齋藤同學，要做運動會的練習喔！
是

——好像都是她一個人動作慢吞吞的唷。
在操場
是
而且齋藤同學也不是只有這次這樣了。
不，其實……很抱歉……
嘮叨
很快就要進行校外教學囉！
是不是太縱容了呢？
到底是——
碎念
哎呀
我還以為教務主任有發現。
齋藤同學在處理聽覺訊息的能力上，
似乎有點狀況。

這、這我當然知道，我只是慎重起見才來提醒大頭老師。
舉例來說，「請打開數學課本第二十九頁
計算第四題」
——就算給了明確的指示，
孩子很可能也只聽到
「打開數學課本」而已。
其實最近我也和齋藤同學的媽媽進行了家庭訪問。
不只是處理聽覺訊息的能力較弱，
連自己應該做的事情也無法完全理解。

再加上是容易不安而且個性謹慎的孩子，
在面對新事物上——
例如熟悉新朋友，
也會花上較多時間。
所謂動作慢吞吞，
原因並不只有一個。
注意力不集中、
無法完整接收指令、
對於聽不懂的內容因為害羞不敢發問。
所以要仔細觀察孩子們的行為，
思考各式各樣的特質以及背後的原因……
特質和背後原因嘛……（倒滿有模有樣的……）
那麼對於這些動作比較慢的學生，有哪些具體的對應方法呢？

舉例來說，
在傳達第一次接觸
或稍微複雜的事項時，
最好慢慢地說明。
還有就是也可以用圖畫
來說明。
運動服
2-3
室內鞋
要換的
服裝
齋藤同學
就很喜歡
插畫唷！
不清楚要做什麼
的時候，
可以在黑板角落
寫上重點，
今天是
掃除
值日生
盡可能
多花點心思。
為了減輕孩子們
的不安……
我會盡我身為教師
最大的努力！

什……什麼？一副很行的樣子嘛！
要、要是今天觀察之後，發現齋藤同學還是沒辦法和大家一起行動呢？
是的。若是在大家面前指責孩子，反而會加深孩子的不安感。所以首先要採取符合其特質的指導方式。
2-3
2-3
在這一點上，由於家長也很擔心，所以我已經約好家訪了。

到時，會詢問孩子過去在安親班或幼兒園的表現……
或許幼年時期之後並沒有發展遲緩的問題也說不定。我會再進一步確認。
唔……
有什麼進度請再跟我報告。
我要去找校長了……
哼
甩門
唉
……到底又在生什麼氣……
啪！

PERFECT！
咦……
對那種傢伙，不強硬一點可不行呢。
那、那種傢伙……

看起來，就算沒有我，你也知道要怎麼做了。
咦
怎……怎麼會……
哎呀呀？又哭了嗎？下一次哭就請吃燒肉唷！
啊!!
話說回來，大頭老師，我的燒肉哪時候請客啊？
糟了！完全忘了DVD的處罰……
這這
這個時候，一起為讓大頭老師請客努力吧！
義不容辭！
結盟
喂——你們！
嗚
哼。
盯

CASE 16
不懂得分辨善惡的孩子
別對虐待動物的原因視而不見
今天放學後
有教師的研修會。
市立青空小学校
是兒童精神科的醫師啊……
黑澤老師會參加嗎？
今天要和家長面談……
我會連同黑澤老師的份好好去聽課！
在教師研修會上——

透過兒童精神科
桂木醫師的分享，
發現老師需要
學習的事還有
很多很多。
——那麼各位
有沒有問題……
舉手
我是二年級
的班導師，
我叫
大頭陽人。
大頭老師
請說。
我的班上有個情
緒容易失控的孩
子，因此想請教
醫師……

平常冷靜的時候明明是個好孩子
哇
粗暴
揉捏
一有點狀況就會對著東西大發脾氣。
甚至折斷鉛筆……
不管唸了她多少次，
還是無法改善。
這確實很令人在意呢！
最近還會去踩花圃上的青蛙，
朝飼養小屋裡的兔子丟石頭……
雖然不太想往這方面想，
但不少殺人犯從小就會虐待動物。

……我曾經有聽過這種說法……
問了奇怪的問題，很抱歉。
班上有殺人犯？太誇張了吧！
哎呀，不過倒也不能就這樣斷定喔！
說到兔子……
是二年級的同學吧？
是……
大頭老師在二年級的時候
有殺過青蛙或蝌蚪這類小生物嗎？
啊……
雖然很可憐，但多少有吧……

沒關係唷，我也有過。
是……
那麼，若是兔子或貓咪……
或是狗狗等的有過嗎？
汪
吐舌
沒有，像那種事也……
太可怕了吧……
確定嗎？
請大頭老師稍微思考看看。
在低年級孩子的眼中，是怎麼看待
狗貓等動物的呢？
唔～～～可愛的寵物？

那是我們大人的想法。
請再回想看看孩提時代的記憶。
啊……
舔舔
舔舔
喂——
好髒啊
住手——
最重要的朋友……！
——對吧？這麼想的孩子卻會虐待動物，
就和對人使用暴力是一樣的意思。
摯友
怎麼會……
如果，
這樣的行為延續到青春期——

就有可能是行為規範障礙等症狀。
由於不容易透過診斷發現，可以從外表、行為等跡象來察覺。
如果還不到行為規範障礙的地步，
而是抓狂暴怒的情況呢？
在強烈的壓力下，會尋找宣洩的出口或遷怒對象，
像是虐待比自己弱小的動物，
也有可能去霸凌同學……
背後的原因包括——
來自家長的暴力或忽略。
因酗酒等情況崩壞的家庭。
遭受朋友的霸凌。

※行為規範障礙症（conduct disorder）……對於人或動物具攻擊性，會蓄意破壞他人的物品，並反覆持續欺騙、偷竊等行為模式。

一旦察覺有疑似虐待的事實，就要前往兒童福利中心請求協助，
這也是學校能立刻做到的。
至少要讓學校成為孩子能安心的場所。
讓學校成為安心的場所……
緊握
鼓掌……
哎呀
大頭老師的問題
也可以作為其他老師的參考呢！
哪裡，我才受教了……
大頭老師的出發點肯定是希望讓學生在教育中成長茁壯吧！
剛剛的問題也讓我上了一課，
謝謝你！

嗚啊
大頭……
大頭！
嗚啊
對……對不起教練……
明明是教練的……引退比賽卻因為我輸了……
哇啊
啜泣
沒事的，大頭……
嗚啊
謝謝你。

會議室
嗯～～～
真是很有意義的座談啊～～大頭老師！
怎麼了？感覺有點出神？
？
想起來了，
我想當教師的契機。
雖然不知道發生了什麼事，
待會去燒肉店好好說清楚吧！
機會來了！
嗯！走吧！
也找黑澤老師一起！
太棒了！你請客！

第4章的結語

我們在第4章要處理的，都是孩子行為上的問題。其中都是可以透過觀察而發現的孩子的具體行為，因此很容易理解問題所在。但是，在這一章介紹的每個案例，孩子的狀況截然不同：

・容易忘東忘西且不擅長收拾整理的孩子
・靜不下來的孩子
・動作慢吞吞的孩子
・不懂得分辨善惡的孩子

這些狀況並不只是來自性

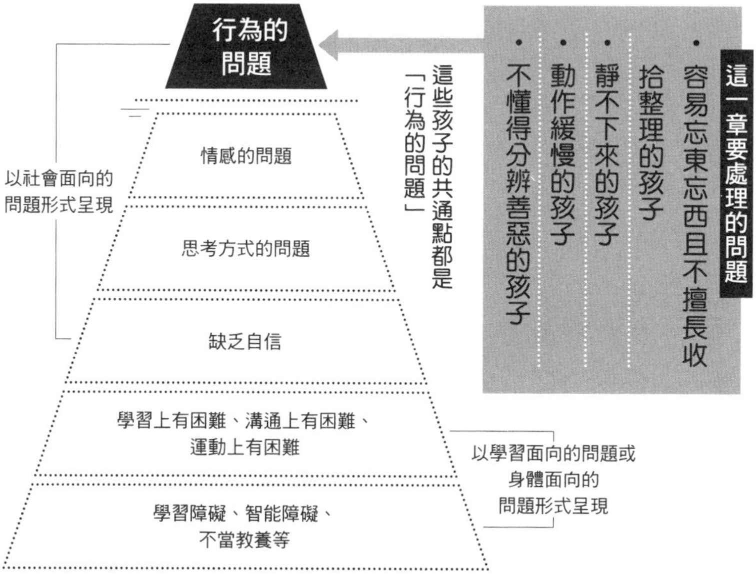

圖 1　區分孩子行為問題各種背景成因的冰山模型

格上的問題，也和與生俱來的障礙或養育環境有關。在與生俱來的障礙中，需要了解到注意力不足過動症（ＡＤＨＤ）和自閉症類群障礙（ＡＳＤ）、智能障礙（ＩＤ）等發展遲緩問題，但也不能忽略養育環境，例如虐待等不當教養問題。

此外，如果無法妥善處理第3章所介紹的「情緒的問題」，也就是無法適度控制自身不恰當的情緒（例如憤怒），就容易在學校出現失控或動粗等不當行為。

對於孩子的暴力行為，我們首要討論的都是該怎麼阻止這些行為，對吧？然而，各位看了圖1之後會發現，愈是金字塔頂端的問題，會摻入愈多像是發展的課題、家庭的問題、情緒的問題、思考方式的問題等影響因素。孩子行為的問題不只是我們表面上看到的那麼簡單，而是需要特別且確實地去找出其背後的原因。

後記

「在一般教育類書籍中，今後也許漫畫將成為主流也說不定。」我在本書成書之際，內心湧上如此的感受。我在網路上看到許多對於拙著《不會切蛋糕的犯罪少年》（遠流出版）的心得評論，當中包括了將我意圖表達的想法，以我最不希望看到的錯誤方式理解的讀者，而且這些讀者還是以從事教職的人士居多。閱讀這件事，雖說要搭配讀者各自的生活經歷或價值觀，才會別具意義，然而在支援孩子這件事上，首先要求的就是要正確理解孩子。一旦理解錯誤，就會給出錯誤的支援，結果受傷的依舊是孩子們。尤其是教育類書籍，更應肩負起傳達正確內容的使命，光以文字和插圖我認為就已經是極限了。

這次是我首度將作品以漫畫呈現，漫畫不僅比文字清楚易懂，也能以輕鬆的方式完整向各位讀者傳達我的想法。這次在漫畫家佐佐木昭后的大力襄助之下，讓我重新認識到以漫畫描繪真實世界的魅力與可能性。如果藉由本書，能讓孩子們獲得多一分的理解與支援，就是我最大的幸福。

宮口幸治

國家圖書館出版品預行編目資料

接住孩子的求救訊號：同理臨界智能孩童的生存難處/ 宮口幸治作；周奕君譯. -- 初版. -- 新北市：世茂出版有限公司, 2022.03
面；　公分. -- (婦幼館；173)
譯自：マンガでわかる境界知能とグレーゾーンの子どもたち
ISBN 978-986-5408-77-0(平裝)

1.特殊教育　2.親職教育　3.育兒

529.6　　110021060

婦幼館173

接住孩子的求救訊號：同理臨界智能孩童的生存難處

作　　者 / 宮口幸治
腳本製作 / 宮口円
作　　畫 / 佐々木昭后
譯　　者 / 周奕君
主　　編 / 楊鈺儀
責任編輯 / 陳美靜
封面設計 / 季曉彤
出 版 者 / 世茂出版有限公司
地　　址 / (231)新北市新店區民生路19號5樓
電　　話 / (02)2218-3277
傳　　真 / (02)2218-3239（訂書專線）
劃撥帳號 / 19911841
戶　　名 / 世茂出版有限公司　單次郵購總金額未滿500元（含），請加80元掛號費
世茂網站 / www.coolbooks.com.tw
排版製版 / 辰皓國際出版製作有限公司
印　　刷 / 世和彩色印刷有限公司
初版一刷 / 2022年03月

ＩＳＢＮ / 978-986-5408-77-0
定　　價 / 330元

Original Japanese title: MANGA DE WAKARU KYOKAI CHINOU TO GREY ZONE NO KODOMOTACHI
copyright © Koji Miyaguchi, Akikou Sasaki 2020
Original Japanese edition published by Fusosha Publishing, Inc.
Traditional Chinese translation rights arranged with Fusosha Publishing, Inc.
through The English Agency (Japan) Ltd. and AMANN CO., LTD.